기억안내서

공주

기억안내서 공주

이진희

파랑

시간의 켜 속으로 공주 가는 길

차례

추천의 말

제민천 가 작은 집

가끔 '집'에 있는 꿈을 꾼다.

아이인 나, 스무 살인 나, 마흔을 막 넘긴 나, 아직 오지도 않은 육십 대의 내가 '집'에서 무언가를 하고 있는 꿈이다. 마루의 모루유리로 뿌연 빛이 새어들고 가끔은 마당작은 화단에 핀 하얀 백합 향기를 맡기도 한다. 잔병치레가 많았던 어린 시절의 내가 으레 그랬듯이 열에 시달리느라 오슬오슬한 몸으로 화단 턱에 앉아 햇볕에 젖어있는 꿈도 잦다. 꿈속의 나는 나이도 다르고 하고 있는 일도 다르지만, 있는 곳은 늘 같다.

3살부터 15살까지 살았던 공주시 반죽동 150-14번지,

제민천 가 작은 집이다.

1972년 9월 18일, 건넌방에서 잠을 깬 내게 아빠가 말했다.

"엄마가 동생을 낳았어."

서른한 살, 젊은 아빠의 입술 끝에 슬며시 웃음이 걸린다. 늘 조근조근 낮고 차분했던 아빠의 목소리가 다른 날보다 조금 높다고 느낀다.

"에이, 거짓말!"

"안방에 가봐. 조용히 가야 해, 아기가 자고 있어."

맨발에 닿던 마루의 단단하고 차가운 감촉, 안방 미닫이문을 열 때 나던 드르륵 소리, 방문을 열자마자 밀려들던 따뜻한 공기를 기억한다. 이불을 덮고 누운 엄마 옆에는 작디작은 아기가 누워있었다. 왠지 함부로 움직이면 안 될 것 같아서 조심조심 손을 뻗어 아기 머리를 만져보았다. 따뜻하고 여리고 부드럽다.

엄마는 누운 채로 내게 말했다.

"아직 만지면 안 돼. 아기 머리가 열려있거든."

내 손을 잡아 아기 머리에서 떼어놓는 엄마의 손길에는 힘이 하나도 없고, 금방이라도 잠에 빠져들 듯 목소리마저 나른하다.

그날의 기억은 거기에서 칼로 잘라낸 듯 뚝 끊겨있다.

할머니도 집에 계셨을 테고 나보다 두 살 어린 동생도 있었을 텐데, 아무도 기억나지 않는다. 아기의 머리에 손을 댄 순간 온통 고요한 세상 속에 아기와 나만 남겨진 것 같았던 느낌이 그날의 전부였다.

막냇동생이 태어나던 날이었고, 내가 기억하는 가장 어린 날이다.

교직에 계셨던 엄마는 출근을 하셨고, 할머니가 어린 삼 남매를 돌봐야 했으므로 그중 가장 큰 아이인 나는 할머니의 손이 미치지 않는 틈을 타 천방지축 내 멋대로 놀러 다니곤 했다. 아직 어렸을 때라 멀리는 못 가고 주로 동네 마실이었다.

제민천 옛집 옆에는 공주 우체국이 있다. 내가 태어나기 전부터 지금까지 그 자리에 있는 우체국이다. 우체국과 우리집 사이에는 사진관이 있었다가 인쇄소가 있었다가 지금은 건물이 모두 헐리고 우체국 주차장이 되었다.

그 사진관에서 찍은 가족사진이 아직도 있는데, 할머니

와 외할머니, 엄마와 아빠, 나와 내 동생이 함께 찍은 사진이다. 막냇동생은 아직 태어나기 전, 그러니까 1971년이나 1972년 초인가 보다. 어디서 넘어졌는지 무르팍에 빨간약을 바르고 딱지가 앉은 채 나는 외할머니 무릎에 앉아 있다. 동생은 할머니 무릎에 앉은 채다. 뒤에 나란히 선 엄마와 아빠는 갓 서른, 그럴 수 없이 젊다.

이후 사진관이 인쇄소로 바뀌었고, 사진관에서 일하던 아저씨가 독립해서 산성시장 근처, 큰 사거리 쪽에 사진관을 차렸다. 사진 찍을 일이 있으면 우리 가족은 항상 그 아저씨를 찾아갔다. 내 첫 주민등록증 사진도, 첫 여권 사진도, 엄마의 영정사진도 모두 그곳에서 찍었다.

우리집 옆에는 우리집과 똑같은 구조를 가진 단독주택이 하나 더 있었다. 우리는 그곳을 뒷집이라고 불렀고, 이미 학교에 다니는 언니와 오빠가 있어서 가끔은 뒷집에 놀러가기도 했다. 뒷집에는 '쌤'이라고 부르는 하얀 개도 있었다. '쌤~' 하고 부르고 머리를 쓰다듬으면 자꾸만 귀를 눕히며 머리를 들이대서, 그만 쓰다듬고 싶어도 차마 멈추지 못했던 적이 여러 번이었다.

집 앞에서 넘어지며 돌에 이마를 찧는 바람에 크게 다쳤던 적이 있다. 여자아이 얼굴에 흉이 생기겠다고 할머니는 큰 걱정이셨고, 우체국 길 건너에 있던 회생병원에 데리고 가셨었다. 치료라야 매일 약을 바르러 가는 거라서 어느 결에 나는 혼자 다녔고, 더 이상 약을 바를 필요가 없어진 뒤에도 가끔 놀러 가듯 병원에 가서 사탕을 얻어먹곤 했다.

집 앞이 제민천이었지만 입학할 때까지도 제민천에 내려갈 엄두를 내지 못했다. 언제였을까? 비가 많이 와서 범람 직전까지 갔던 기억도 있고, 지금처럼 데크나 계단이 있는 게 아니었으니까 떨어질까 무섭기도 했다.

제민천 변에 살아서 가장 좋은 것은 여름밤이었다. 누구네랄 것도 없이 저녁을 먹고 해가 지면 들마루를 집 앞에 내놨다. 하루 일과를 내려놓고 느슨하게 입은 동네 아줌마들이 모여 앉아 삶은 감자나 찐 옥수수를 앞에 놓고 나름의 피서를 즐기는 시간이었다.

하늘을 가득 채운 별을 보며 어설프게 북두칠성이나 카시오페이아를 찾노라면 제민천 위로 불어오는 바람이 좋았다.

할머니가 봉숭아꽃을 따서 백반 가루와 함께 짓이겨 손톱에 얹고 무명실로 꼭꼭 묶어주시는 동안에 동네 아줌마들은 남의 집 뒷얘기를 하기도 하고, 묻어두었던 걱정을 쏟아놓기도 했다.

아이들이 듣고 있다는 것도 잊은 채 어느 집 남편이 바람이 났다든가, 누구네 집 딸이 어느 남자와 나란히 걷는 것을 보니 연애를 하나보다 수군대는 것도 여름밤 들마루 위에서였다.

하얀 연기를 뿜는 모기약 차가 지나갈 때면 여자 아이들은 숨을 멈추며 질색하는 척을 하고 개구진 남자 아이들은 소리를 지르며 연기를 따라 뛰어다니며 놀았다. 하지만 소란스럽게 남의 말을 즐기는 시간이 지나면 집집마다 꼭꼭 문단속을 하고 깊은 잠에 빠지는 것이었다.

공주교대 부설초등학교를 다녔던 나는 6년 내내 제민천을 따라 등하교를 했다. 비가 오면 질퍽거리는 흙길이었고, 학교는 한없이 멀게 느껴졌지만 늘 친구와 함께 걸었다.

장이 열리는 오거리를 지나면 지금의 선화교부터 학교까지는 아스팔트가 깔려있었고, 길가 양 옆으로 아름드리 플라타너스 길이었다. 햇살이 쏟아지는 날 플라타너스 그늘 아래 숨으면 순식간에 밀려들던 안도가 마치 어제 일 같다.

'꿈을 아느냐 네게 물으면 플라타너스, 너의 머리는 어느덧 파아란 하늘에 젖어 있다.'라는 시구를 읽었을 때 나는 가장 먼저 그 길을 떠올렸다. 그러나 2차선이던 도로가 4차선이 되면서 플라타너스는 모두 사라졌다. 사라진 나무들을 생각할 때마다 나무가 지켜낸 세월, 나무와 함께한 시간 모두가 사라진 것만 같아서 가슴 한편이 시리다.

아직도 공주 원심에 가면 잠시라도 틈을 내서 제민천 길을 걷는다. 제민천은 이제 생태하천으로 정비되었다. 굽이굽이 흐르던 물길이 곧게 펴졌고, 천변을 따라 마련된 산책로에는 군데군데 데크와 차양막과 징검다리가 설치되었다. 밤에는 전등이 환하게 길을 밝혀주기도 한다.

제민천 변은 붓꽃이며 꽃양귀비며 장미며 계절 따라 꽃으로 가득하다. 맑아진 물에는 물고기가 살고, 오리 가족도 있다. 운이 좋은 날은 언제부턴가 제민천에 자리 잡고 사는 왜가리를 만날 수도 있다. 마음이 내키면 천변을 벗어나 나태주 골목길을 걸으며 나태주 시인님의 시를 읽을 때도 있고, 골목길 끝에 숨은 작은 갤러리에 들르기도 한다.

하지만 늘 걸음을 멈추는 것은 어려서 살던 '내 꿈속의 작은 집'이다. 부모님이 결혼하시고 전셋집에 사시다가 처음 마련하셨다는 그 집에 부모님보다 내가 더 애착을 느끼는 까닭을 알지는 못한다. 유년의 모든 날들이 그곳에 있기 때문일 수도 있고, 평생 가장 좋은 날들이 담긴 집이기 때문일 수도 있다. 분명한 것은 나는 아직도 그 집 앞을 지날 때마다 애틋함이 밀려들고, 혹시 대문이라도 열려 있지 않을까, 문틈으로 오래전 그 시절을 잠시라도 엿볼 수 있지 않을까 마음이 울렁인다는 것이다.

사진 제공 : 공주학 아카이브

미나리깡* 스케이트장

* 미나리꽝의 공주 사투리

방학이 시작되면 제일 먼저 도화지에 원을 그리고 방학 생활시간표를 만들었다. 너무 이른 기상 시간과 취침 시간을 정하고, 식사, 공부, 피아노 레슨, 놀이, 텔레비전 시청 시간을 빽빽하게 채우는 것이다.

물론 시간표대로 지켜지지는 않았다. 하루나 이틀쯤 기상 시간과 공부 시간을 지키려고 노력을 하다 늘 흐지부지되고 말았다. 일기도 탐구생활도 만들기 숙제도, 개학 사흘 전쯤 몰아서 해버리면 새 학기였다. 만들기나 그리기 숙제는 부모님 도움을 받을 수도 있었지만, 문제는 항상 일기였다. 매일매일 그럴듯한 내용을 채울 방법이 없어 결국 똑같은 내용을 복사하듯 쓰곤 했지만, 고학년이 되면서 그것조차 지루해서 견디기 힘들었다.

제날짜에 꼬박꼬박 일기를 쓰는 아이는 거의 없었으니까 어쩌면 일기는 오늘 하루를 되돌아보고 기록하라는 의미보다 작문 실력 향상을 위한 숙제였을지도 모른다. 적어도 내 작문 실력은 밀린 일기를 쓰면서 상당히 늘지 않았을까 짐작하고 있다.

1979년 겨울, 그 해에도 막 똑같은 방학이 시작되려는 참이었다. 방학식을 마치고 학교에서 돌아와 책가방을 방 한쪽 구석에 던져두었다. 생활계획표는 내일, 방학 숙제도 내일, 오늘 일기도 내일 쓰면 된다는 생각이었을 거다. 아랫목에 이불을 덮고 앉아 귤을 까먹으며 길고 긴 게으름 속에 겨울방학을 보낼 작정으로 즐거웠으리라.

안방 아랫목에는 메주를 띄우느라 냄새가 가득했지만, 그래도 겨울에는 따끈한 아랫목이 좋았다.

늦은 잠에서 깨어 아침 식사나 마쳤을까, 아빠가 스케이트를 사러 가자고 하셨다. 겨우내 미나리깡에 스케이트를 타러 다니라는 말씀이셨다.

왜 그랬는지 알 수는 없지만 여자 아이는 피겨 스케이트화, 남자 아이는 스피드 스케이트화를 신는 것으로 정해져 있었다. 여자 아이는 분홍색, 남자 아이는 하늘색 옷을 입는 것과 같은 이치였다. 내년 겨울에 발이 클 것을 대비해 자기 발보다 조금 큰 스케이트화를 사면 그것으로 내 스케이트가 생기는 것이었다.

제민천을 따라 걷다가 북중학교 앞에 있는 다리를 건너 산성시장 둑길을 쭉 따라가면 산성시장이 끝나는 둑길 오른쪽으로 미나리깡이 있었다. 미나리는 습지에서 자라기 때문에 미나리밭이라고 하지 않고 미나리깡이라고 부른다든가 공주가 최대의 미나리 산지 중에 하나였다는 것은 어른이 된 후에 알았다. 그때 그곳은 그저 미나리깡이었고, 허허벌판으로 느껴졌다. 금강과 맞닿아 있어 더 넓어 보였던 건지도 모르겠다.

미나리를 베어낸 겨울이면 미나리깡은 스케이트장으로 변신했다. '변신'이라고는 하지만, 미나리깡에 물을 받아 얼려서 스케이트를 탈 수 있게 만들고 입장료를 조금 받는, 논썰매장의 상위버전 비슷한 거였다. 한낮이 되고 햇살에 얼음이 녹으면 스케이트를 탈 수 없으니까 스케이트장은 대개 오전 동안만 열렸다.

이른 아침 눈을 뜨면 의기양양한 표정으로 '내' 스케이트를 짊어지고 부지런히 미나리깡에 갔다.

스케이트라는 단어를 들을 때면 무언가 세련되고 도회적인 느낌이 들어 좋았다. 하지만 그것은 그저 기분이었고, 현실은 전혀 달랐다. 입장료를 낸 다음 한데서 신발을 벗고 스케이트를 갈아 신다보면 발이 시렸고, 모양도 빠졌다.

스케이트를 타다 보면 금방 몸은 따뜻해졌지만, 차가운 겨울 강바람에 얼굴이 꽁꽁 얼었다. 아이들은 금방이라도 터져버릴 듯 빨갛게 상기된 얼굴로 입을 열 때마다 하얀 입김을 뿜었다.

스케이트장 옆에서는 오뎅과 번데기를 팔았다. 펜스가 있는 스케이트장도 아니니까, 오뎅과 번데기 역시 번듯한 포장마차를 갖추고 파는 것은 아니었다. 작은 화로 위에 커다란 솥을 얹고 꼬치 오뎅을 잔뜩 꽂아 끓이면, 오뎅 국물의 따뜻한 냄새, 번데기 익어가는 고소한 냄새가 차가운 하늘을 가득 채웠다. 행여 입안이라도 델까 무서워 호호

불어가며 먹던 미나리깡 스케이트장의 오뎅은 아직도 평생 먹은 음식 중에 가장 따뜻한 맛으로 남아있다.

스케이트장에는 스케이트 날을 갈아주는 아저씨도 있었다. 어쩌면 스케이트장을 운영하는 아저씨가 오뎅도 팔고 날도 갈아주고 입장료도 받았던 걸까?

겨우내 스케이트장은 사각사각 날 갈던 소리, 섣부르게 친구를 앞서려다 발이 꼬여서 얼음 위에 나동그라지는 소리, 내일 또 만나자고 친구와 인사하는 소리로 북적였다.

어설프게 피겨스케이트 선수의 턴이라도 흉내 내다가는 얼음 위에 넘어지기 일쑤였기 때문에 겁이 많았던 나는 그저 원을 그리며 스케이트장을 도는 것이 전부였다.

하지만 모험심이 넘치는 친구들은 다른 친구들의 비명에도 굴하지 않고 몇 번이고 도전했다. 그러다 기어코 멋지게 턴을 돌아 보이면 주변에서는 저절로 감탄사가 튀어나오는 것이었다.

마침내 겨울방학이 끝나고 개학 날이 되면, 어제도 그제도 스케이트장에서 만났던 친구와 햇살과 얼음에 까맣게 타서 반들반들해진 얼굴로 개학 인사를 나누곤 했다.

2025. 09. 15. 미나리깡 금성배수장

그 후로도 이 년쯤, 겨울방학을 미나리깡 스케이트장에서 보냈다. 그러다가 중학교 1학년 때 공주 시내에 롤러 스케이트장이 생겼다. 스케이트를 타기 위해 겨울까지 기다릴 필요가 없어진 것이다.

추운 밭 한가운데에서 스케이트를 갈아 신지 않아도 되고, 비가 오나 눈이 오나 신나는 음악을 들으며 스케이트를 탈 수 있다고 했다. 학생과 선생님의 눈을 피해 남학생들과 쉽게 어울릴 수 있는 곳이라고도 했다.

하지만 나는 한 번도 롤러 스케이트장에는 가지 않았다. 몸을 쓰는 것보다 가만히 앉아 책을 읽는 것을 더 좋아했던 나는, 그 무렵에 이미 사람이 북적이는 곳을 싫어했다. 귀를 울리는 음악을 들으며 반짝이는 네온 불빛 속에서 부딪히듯 촘촘하게 스케이트를 타야 한다는 말을 들은 순간, 롤러 스케이트장에 대한 흥미가 모두 사라졌다.

2025. 09. 15 미나리깡 골목

미나리꽝 매립이 시작되어 스케이트장이 점점 줄어든 것도 스케이트를 타지 않게 된 이유였다. 산성시장 맞닿은 곳에서 시작된 매립은 점차 범위를 넓혀갔고 나중에는 금강에 가까운 조금만 남아 스케이트장으로 쓰이다가 그마저도 완전히 사라졌다.

금강 가까이 자그맣게 남아있는 스케이트장이, 텅 비어 방치된 집처럼 쓸쓸하더라는 말을 전해준 이가 누구였을까?

미나리꽝 매립으로 공주의 습지는 모두 사라지고 황량한 땅이 새로 생겼다. 모텔이 들어서고 음식점이 생겼지만, 오래도록 건물보다 빈 땅이 더 많은 채였다. 그때는 이미 금성동으로 이사를 한 후여서 원도심에 가려면 항상 미나리깡이 있던 둑길을 지나야 했다. 한쪽에 제민천을, 다른 한쪽에 간간이 모텔이 있는 삭막한 땅을 두고 걷는 둑길은 한없이 멀고 썰렁하게 느껴지곤 했었다.

2025. 09. 15 미나리깡 도시바람길 입구

지금은 새로 생긴 게스트 하우스가 여럿, 나름 이름을 얻은 음식점들도 자리하고 있다. 제민천 가에는 도시바람 길도 조성되어 가로수가 제법이다. 도시바람길을 따라 걷다가 가던 걸음 그대로 왕릉교를 건너 황새바위에 갈 수도 있고, 공산성이나 금강까지 가는 것도 금방이다.

　　하지만 평일에는 한적하기 그지없다.

　　그나마 북적이던 주말이 지나고 월요일이나 화요일 오후쯤 적막한 게스트 하우스들 사이를 걷노라면, 영화 촬영 끝내고 모두 떠난 텅 빈 세트장에 혼자 남은 것처럼 괴괴하다.

만국기 휘날리던 우리들의 축제

4학년 여름방학이 끝났다. 난생 처음 수영장에 다녀와 새까맣게 탄 얼굴은 허물을 벗는 중이었다. 극성스럽던 매미 소리는 사라졌지만, 햇살은 여전히 따가웠다. 하늘은 한껏 높고, 뭉게구름은 하얀 초가을이었다.

방과 후 4, 5, 6학년 여학생들은 소운동장으로, 남학생들은 대운동장으로 모이라는 방송이 나왔다.

가을 운동회 연습이 시작된 것이다.

운동장에 나갔지만 막상 운동회 연습이 처음인 우리는 어디에 있어야 할지 몰라 쭈뼛쭈뼛 자리를 찾아다닌 반면, 고학년 언니들은 한결 여유가 있었다. 나무 그늘 아래 모여

앉아 지난 여름방학에 대한 이야기를 나누기도 하고 다른
반 친구의 안부를 묻기도 하다가, 친구 동생이라도 알은
체를 하면 제법 어른스럽게 인사를 받는 것이었다.

　1, 2학년 때는 엄마와 함께 포크댄스를, 3학년은 박 터
트리기 같은 이벤트성 프로그램을 했다면 4학년부터는 본
격적으로 운동회에 참가했다.

가을 운동회는 단순한 체육대회가 아니었다. 온 동네 사람들이 구경 오는 마을 잔치였고, 어느 학교 운동회가 재미있더라, 어느 학교 무용이 멋있더라는 이야기가 오래도록 사람들의 입에 오르내렸다. 그렇기 때문에 학교 간에 경쟁하듯 멋진 퍼포먼스를 준비하곤 했던 것이다.

운동장에 나온 선생님께서 제일 먼저 하시는 일은 자리를 정해주시는 거였다. 일단 자리가 정해지면 그 자리 그대로 부채춤도 추고, 놋다리밟기도 하고, 매스게임도 하게 될 것이었다. 항상 6학년이 맨 앞에, 5학년이 그 다음에, 4학년은 맨 뒤였다. 조회대 옆 잔디 언덕이 관람석이 될 터여서 관람객을 고려한 무대 배치이기도 했고, 경험 많은 6학년을 맨 앞에 세움으로써 4, 5학년들도 쉽게 따라 배우라는 배려였을 것이다.

운동회 연습은 9월 내내 이어졌다.

운동은 싫어했지만 춤추기를 좋아했던 나는 운동회 준비 내내 즐거웠다. 하나하나 동작을 배우고 흐름을 익히는 동안, 몸으로 이야기를 만들어 가는 느낌이었다. 움직임에 감정을 담을 수 있다는 것은 정말 멋지게 느껴졌다.

그럴듯한 무대를 꾸릴 수 있게 될 때쯤에는 춤출 때 입을 무용복도 도착했다. 무용복이 도착하면 다투듯 스팽글을 달아 무용복 꾸미기에 돌입했다. 어떤 아이의 무용복이 가장 반짝이고 예쁜지는 모두의 큰 관심사였다.

엄마는 속바지까지 아낌없이 스팽글을 달아 주셨고, 내 무용복은 항상 가장 예쁜 무용복으로 손꼽혔다. 선생님은 나를 조회대로 불러 세워 모든 아이들이 보는 앞에서 칭찬하셨고, 나는 몹시 우쭐하기도 했다.

여학생들이 춤을 연습할 동안에 남학생들은 태권도 시범과 차전놀이를 연습했다. 소운동회라 부르던 운동회 총연습 전까지 서로의 공연을 볼 기회가 없었으므로, 가을 운동회에서 우리는 공연자이자 관람객이기도 했다.

마침내 운동회 날이 되면 하늘은 만국기로 가득했다. 푸른 가을 하늘 아래 색색으로 휘날리는 만국기는 빛깔만으로도 축제였고, 부지런한 이들은 개회식을 하기도 전부터 자리를 잡고 운동회 시작을 기다렸다.

촘촘하게 짜인 운동회 순서에 맞춰 100미터 달리기에도 참여하고, 부채춤을 추거나 매스게임도 했다. 차전놀이 구경을 하면서 동채가 높이 솟을 때마다 덩달아 아찔해서 가슴을 조이기도 했다.

동채에 올라타는 대장이 입는 옷을 할머니께서 만드셨는데, 나는 매해 운동회마다 차전놀이를 보며 저 옷을 할머니가 만드셨다고 은근한 자부심을 갖곤 했다. 어린 나조차도 그랬으니, 할머니는 운동회에 오셔서 차전놀이를 보실 때마다 얼마나 즐거우셨을까?

운동회의 하이라이트는 마지막 순서, 반별 계주였다. 노곤한 축제의 끝에서 온 힘을 다해 트랙을 달리는 '우리 편'을 하나의 마음으로 다 같이 응원하는 시간이기 때문이었다. 청룡, 백마, 맹호라는 이름으로 종일 한편이 되어 보내고 나면, 이상하리만큼 소속감이 생겼다. 주자 중 하나가 바톤을 놓치기라도 하면 탄식이 흘러나왔고, 우리 팀이 상대를 앞지르면 운동장이 떠나갈 듯 함성을 질렀다.

　　부채춤에서도 매스게임에서도 맨 앞줄에 서는 6학년이
되었을 때, 나는 백마의 피켓걸이 되었다.

　　2반 전체의 맨 앞에 서서 행렬을 이끌며 긴장했었는지 짜
릿했었는지 기억마저 흐릿하다. 하지만 귀빈석 앞에서 제때
피켓을 오른쪽으로 돌리기 위해 온 신경을 곤두세웠던 느
낌은 아직도 생생하다.

초등학교를 졸업하고 중학생이 되자 가을 운동회는 단어마저 희미해졌다.

중고등학교에서도 5월마다 체육대회가 있었으니 친구들과 함께 준비하고 뛰고 응원하는 시간이 아예 없었던 건 아니다.

체육대회 행사 중에는 반별로 무용대회가 있어서 한 달 가까이 연습하기도 하고, 우리 반이 달리기에서, 피구에서, 농구에서 이기기를 목이 쉬도록 응원하기도 했다. 우리 반 마지막 피구 주자가 상대편이 던진 공을 맞고 탈락했을 때, 반 전체가 그대로 주저앉아 울기도 했다.

중학교 3학년 때 반별 단체복으로 입었던 샛노란 핫팬츠와 그물타이즈는 아직도 기억이 난다. 봄 햇살에 종아리가 그물모양으로 타는 바람에 일 년 내내 종아리에 그물모양 얼룩이 있었다.

하지만, 그것은 운동회가 아니고 그냥 체육대회였다. 많은 학교 행사 중 하나였고, 학년이 올라갈수록 피하고 싶은 날이기도 했다. 운동을 싫어하기도 했지만, 흙먼지 가득한 운동장에서 종일을 보내며 까맣게 그을고 싶지는 않았다.

엄마가 어떤 모양으로 스팽글을 달아줄까 기대하다가 자고 일어나서 반짝반짝하는 저고리를 보았을 때의 즐거움, 아침부터 분주히 김밥을 싸는 냄새, 개회식 입장 전에 텅 빈 운동장을 둘러싸고 점점 달아오르던 분위기, 어디쯤 자리를 잡으셨을까 행사 중간중간에도 목을 빼고 할머니를 찾던 기억, 계주 마지막 주자가 운동장을 뛰는 모습을 보며 발끝까지 느껴지던 아찔함. 그 모든 것들이 있어야 비로소 가을 운동회였다.

이제는 색색의 만국기 휘날리던 푸른 가을 하늘의 눈부심을 다시는 볼 수 없게 되었다. 하지만 푸른 가을 빛을 볼 때마다, 그 모든 소리와 냄새와 즐거움이 내 안에 되살아나 나만의 운동회를 펼치곤 한다.

계곡을 흐르던 바람처럼

코펠과 버너를 챙기느라 달그락거리는 소리, 평소보다 조금 더 톤이 높아진 엄마의 아침잠을 깨우는 소리를 듣고 일어나면 그날은 계룡산 계곡에 물놀이 가는 날이었다.

　　아직 잠도 덜 깨 부스스한 얼굴로, 테트리스 하듯 차곡차곡 배낭에 짐을 챙겨 넣는 아빠의 솜씨를 구경하는 것으로 이미 놀이가 시작되었다. 밥을 해먹을 쌀과 재어놓은 불고기와 된장찌개 거리에 후식으로 먹을 과일과 돗자리까지 챙겨야 하니 만만찮은 짐이었다.

　　방학이라고 해서 휴가를 가거나 여행을 가던 시절이 아니어서 계곡 물놀이는 여름방학의 가장 큰 피서였다.

계룡산 입구 음식점들이 계곡 옆에 마루를 내어놓고 호객하고 있었지만, 우리는 늘 그 곁을 그냥 지나쳤다. 먹을 것들을 잔뜩 준비해오기도 했지만, 계곡 하류는 절대 안 된다는 것이 엄마의 지론이었다. 많은 사람들이 계곡 상류에서 음식도 해먹고 설거지도 하고 물놀이도 하는데 계곡 하류가 얼마나 더럽겠냐는 것이었다.

더구나 음식점 마루에 자리 잡은 아저씨 아줌마들은 대낮부터 술에 취해 떠들기 마련이었다. 어린 우리에게 술에 취해 고스톱을 치며 떠드는 어른들의 모습을 보게 한다는 건 엄마로서는 상상할 수도 없는 일이었다.

음식점 앞을 지나 작은 다리를 건너 산길을 오르기 시작하면 계곡은 이미 자리 잡은 피서객들로 빽빽했다. 갑사에 들를 때도 있었지만, 그런 짐을 들고 갑사에 들어가 구경을 한다는 건 여간한 일이 아니어서 대개는 그냥 지나쳤다.

걸음걸음 나무 냄새, 새소리, 물소리.
그리고 매미 우는 소리.

대개 용문폭포 위쪽 어디쯤에 자리를 잡고 돗자리를 폈다. 돗자리에 앉을 새도 없이 우리가 서둘러 물에 들어가는 동안, 엄마와 아빠는 계곡물에 과일을 담그고 버너를 꺼내 불을 붙여 밥을 하고 찌개를 끓이고 고기를 구웠다.

무릎밖에 안 되는 깊이였지만, 산골 물이라 차고 맑았다. 물고기를 잡으려면 바윗돌을 들춰야 하네 어쩌네 떠들다 물속에 엉덩방아를 찧는 것은 예사여서 물고기가 너를 잡겠다는 애정 어린 핀잔을 듣곤 했었다. 흠뻑 젖은 몸이 산바람에 떨릴 때쯤 식사가 준비됐고, 밥 안 먹는다고 걱정 듣던 어린애는 간데없이 배가 뽈록해지도록 먹고 또 먹었다.

이제 나른한 오후를 누릴 차례였다.

엄마가 계곡물에 설거지하는 소리, 아빠가 동생들과 물놀이하는 소리를 들으며 나는 그저 가만히 앉아 있곤 했다.

조금만 등산을 하고 돌아오시겠다는 아빠가 혼자, 혹은 동생들과 길을 나서면 사위는 적막했다. 다른 소풍객

54

들의 말소리가 먼 울림처럼 들려오고, 나무들 사이로 불어오는 계곡바람은 서늘했다. 반짝이는 초록 빛깔에 온몸을 맡겨둔 채 영원히 지금 같으면 좋겠다는 생각을 했던 것 같기도 하다.

집으로 돌아오는 길목의 노곤함마저 좋았다. 일기 쓸 거리를 걱정하지 않아도 되는 것은 더 좋았다. 일기장 한 페이지가 차고 넘치는 하루였다.

하지만 초등학교 고학년이 되면서 우리 가족은 더 이상 계룡산 계곡으로 여름 소풍을 가지 않았다. 그러기엔 이미 우리가 너무 커버렸고, 먹을 것을 싸 들고 밖에 나가는 것을 엄마가 버거워하기도 했기 때문이었다.

부모님을 따라 계룡산 등산을 했던 것은 대학에 다니던 즈음이었다. 주로 동학사에서 출발해 남매탑과 삼불봉을 지나 갑사로 내려오는 코스였다. 너덧 시간이면 충분했기 때문에 간단한 음료나 초콜릿을 챙겼고, 보온병에 커피를 담아가기도 했다. 갑사에 있는 단골식당에서 늦은 점심 식사를 마치고 집으로 돌아오면 일요일 하루가 다 갔다.

공주를 떠난 뒤로는 계룡산을 찾지 않았다.

흔히 '춘마곡 추갑사'라고 하지만 유달리 마곡사의 가을풍경을 좋아하는 나는, 굳이 가을날의 갑사를 보기 위해 먼 길을 나서고 싶지는 않았다. 어쩌다 공주 인근을 지나칠 때 계룡산 능선의 아름다움에 감탄하는 것이 전부였다. 간혹 부모님을 따라 등산하던 날들이 떠오를 때도 있었지만, '그땐 그랬지'라는 식의 감상이 전부였다.

삼십여 년 만에 문득 갑사의 가을이 궁금해졌다. 그러나 2020년 가을, 갑사를 찾았다가 실망만 잔뜩 안고 돌아왔다. 가을풍경은 아름다웠으나 등산객이 단풍잎 수만큼 많았다. 어릴 적 부모님과 즐겨 찾던 음식점은 전국적으로 유명해져 성업 중이었으나 맛도 없었고 불친절했다.

무엇보다 깔끔하게 다시 지어진 갑사는 내가 기억하는 그 갑사가 아니었다. 보다 낡고 흐릿한 갑사를 기대했던 나는 경내를 가득 채운 사람의 물결에 이리 밀리고 저리 밀리며 난감했다. 서둘러 내려오면서 이제 다시는 계룡산이나 갑사를 찾을 일이 없을 거라고 확신했다. 그저 먼발치서 계룡산의 능선에 감탄하는 것이 남은 인연의 전부일 것이라고 생각했었다.

하지만 인연이란 모를 일이어서 그날부터 채 이 년이 지나기도 전에 엄마가 투병끝에 돌아가시고, 나는 혼자 남은 아버지를 돌보기 위해 공주에 돌아왔다. 그리고 다시 이년이 지나기도 전에 아버지가 병을 얻어 병원에 들어가셨다. 공주에는 덩그러니 빈 집만 남았고, 나는 내 집과 부모님 댁과 아버지가 계신 병원을 오가느라 여전히 분주했다.

그렇게 공주에 갔던 어느 날, 문득 갑사에 갈 마음을 냈다. 초여름이었고, 연둣빛은 눈부셨으며, 깔끔하게 정비된 진입로에는 아무도 없었다.

긴 세월을 지켜낸 아름드리나무 아래 드리워진 깊은 그늘 사이로 가끔 햇살이 반짝였다. 어린 날 물놀이하러 찾았던 계룡산과 전혀 달랐고, 가을날 단풍을 즐기는 등산객들로 가득했던 계룡산과도 전혀 달랐지만 나는 비로소 계룡산에 안긴 느낌이었다.

갑사에 이르는 걸음걸음마다 나무의 숨을 들이마시고 밭은 숨을 토했다. 지장전 마루턱에 가만히 앉아 불경 소리조차 들리지 않는 대웅전과 대웅전이 인 하늘을 바라보다가 약사여래입상을 찾아 삼배했다. 대적전 앞에 있는 커다란 배롱나무를 보고 배롱나무 꽃필 때 꼭 다시 와야지, 마음먹기도 했다. 활짝 핀 진분홍 배롱나무 꽃과 빛바랜 단청과 여름날의 초록이 절집의 침묵과 어우러지면 얼마나 한가하고 아득할 것인가 생각했다.

그날로부터 열사흘 뒤에 아버지가 돌아가셨다.

장례를 마치고 아버지 연등을 달기 위해 대적전을 다시 찾았을 때에도 배롱나무 꽃은 아직 피지 않은 채였다.

요즘도 가끔 계룡산 갑사를 찾는다. 대개 사람이 거의 없는 평일 낮이다. 계곡물은 줄어들었지만, 계곡 사이로 부는 바람은 여전히 서늘하다. 아득하게 어렸던 그 시절 물에 빠지는 소리, 까르르 웃는 소리, 반짝반짝 물방울 튀는 소리가 들리는 것 같은 날도 있고, 아버지 돌아가시기 전 가쁜 숨을 쉬며 나무들 사이를 걷던 날의 기억이 되새김질 되는 날도 있다. 계곡물이 넘실거린다고 해도 예전처럼 발을 담글 엄두를 내지는 못하겠지만, 그래도 멀찍이 보이는 조촐한 물줄기가 반갑다. 손에 쥔 카메라로는 어떤 기억도 되살려낼 수 없다는 걸 알기에, 굳이 사진을 찍으려고 애쓰지도 않고 계곡의 바람이 내 몸을 휘감기를 가만히 기다리기만 한다.

왁자지껄 대목장

오일장이 열리는 산성시장은 장날이면 늘 북적였다.

공주 시내 사람들뿐만 아니라 인근 면에서도 장을 보러, 혹은 물건을 팔러 나오기 때문이었다. 개중에는 번듯한 가게를 가진 사람들도 있었지만, 좌판을 벌리는 사람들이 더 많았다. 텃밭에 키운 호박이나 가지, 배추 같은 푸성귀를 파는 사람, 산기슭에서 직접 캔 산나물을 가지고 나와 앉은 할머니들도 있었다.

값이 비싸다느니, 이렇게 받으면 본전도 안 나온다느니, 덤을 조금 더 달라느니, 흥정하는 소리로 늘 떠들썩했다. 집에서 키우는 개가 낳은 새끼를 팔기 위해 나온 사람, 알에서 깬 병아리를 팔러 나오는 사람들도 있었다. 그런 병아리들은 학교 앞에서 파는 병약한 병아리들과는 달리 튼튼해서 마당에 놓아먹이면 금방 자라 아침마다 달걀을 낳아주곤 했다.

학교에 들어가기 전에는 할머니나 엄마를 따라 곧잘 장구경도 다녔지만, 학교에 들어가면서 산성시장에 가는 일이 줄어들었다. '학교'라는 나름의 생활이 생긴 데다, 사람들 북적이는 시장보다는 친구들과 노는 게 더 좋았기 때문이었다.

게다가 산성시장에는 '도토리'도 있었다. 나무열매 도토리를 얘기하는 건 아니다. 산성시장에 상주하다시피 했던 '도토리'라 불리던 아저씨 이야기다. 거의 삭발에 가까운 머리 모양이 도토리를 닮아있어 얻은 이름이었다. 도토리는 내가 태어났을 때부터 그곳에 있었다. 스무 살을 한참 넘기고 친구들과 얘기하다가 도토리가 아직도 있어? 라고 했던 기억도 난다. 늙어 머리가 하얗게 센 도토리를 봤다는 친구 말을 듣고 한 말이었을 것이다.

기억 속에서 어린 내가 무슨 일인지 산성시장에 있다. 누구와 함께였는지는 기억나지 않지만 혼자 외출하는 일은 드물었으니 아마 엄마나 친구가 곁에 있었을 것이다. 누군가가 '야! 도토리야!'하고 불렀고 도토리 아저씨는 반쯤은 웃으며 반쯤은 찡그리며 알 수 없는 표정으로 뒤를 돌아보았다. 그때 처음으로 이상하다는 생각을 했다.

'왜 어린 아이들까지 도토리 아저씨를 그냥 도토리라고 부를까?'

어른에 대한 예의를 강조하던 시절이었는데도 도토리 아저씨를 도토리라고 부르는 것에 대해서는 어떤 어른도 야단치지 않고 당연하게 여겼다.

지금은, 시장에서 닥치는 대로 허드렛일을 하던 사람이 아니었을까 짐작한다. 동네 전체가 지적장애가 있는 사람에게 일자리를 줌으로써 먹고 살 수 있도록 챙겨준 것인지, 아니면 온 동네가 합심해 하대한 것인지는 지금도 알지 못한다.

다만 내게 도토리는 낯설고 막연한 두려움을 느끼게 하면서도 조금 모자란 사람이었다. 옆에 가기에는 무서웠고, 다른 아이들처럼 '도토리야'라고 부르며 놀릴 만한 담력도 없어서 삭발한 머리와 특유의 허적이는 걸음걸이가 멀리서 보이기라도 하면 일부러 피해가곤 했다.

공산성에서 보이는 산성시장 지붕

하지만, 명절이 다가오면 장날을 손꼽아 기다렸다. 엄마가 옆에 있으니 도토리 아저씨를 마주쳐도 괜찮았다.

명절이 가까워질수록 달떠가는 산성시장은 점점 온도가 올라가는 느낌이었다. 물이 끓기 직전처럼 따뜻한 물방울이 하나, 둘, 셋, 위로 떠오르다가 대목장날이 되면 부글부글 끓어오르는 것이다.

어른이 되어 깨닫게 된 것이지만, 산성시장의 대목장날은 아이돌 콘서트와 닮아있었다. 콘서트 좌석을 고르듯이 필요한 것들을 어디서 살지 신중하게 결정하고, 콘서트장 입장을 기다리는 조바심으로 조금씩 뜨거워지는 대목장의 열기를 느끼다가, 마침내 장날이 되면 저도 모르게 열기에 취해 소리치며 야광봉을 흔드는 팬들처럼 빽빽한 사람들 틈을 비집고 들어가 거대한 장날의 일부가 되었다.

명절 보름 전쯤, 포목점에 가서 한복을 맞추거나 한복감을 사는 것으로 명절 준비가 시작되었다. 물론 이것은 운이 좋은 해에만 일어나는 일이었다. 한번 마련할 때 몇 년씩 입을 수 있게 큰 한복을 준비하기 때문이었다.

산성시장 포목점들

솜씨 좋으셨던 할머니는 한복감을 사다가 시집올 때 가지고 오셨다는 싱거미싱으로 뚝딱 한복을 지어주시곤 했다. 색동저고리를 입고 싶었던 내 소망은 아랑곳없이 엄마나 할머니 취향대로 고르기 일쑤였지만, 포목점에 가는 것만으로도 좋았다. 늘 깨끗하고 화려하게 반짝이는 곳이라서 좋았고, 새 옷 냄새, 새 이불 냄새가 머무는 곳이라서 좋아하지 않을 수가 없었다.

설 준비를 위해 가래떡을 빼거나 추석에 송편을 만들기 위해 쌀가루를 빻아오는 것도 대목장날 보다는 먼저 했던 일이었다. 말랑말랑하고 뜨끈한 가래떡을 달콤한 조청에 찍어 먹는 것은 별미여서 떡 빼는 날을 무척 기다렸었다.

마침내 대목장날이 되어 아침부터 엄마에게 시장에 가자고 재촉하면, 엄마는 늘 '조금 이따가'라고 대답했다. 장이 더 열리고 물건이 더 많아져야 가격을 깎을 수 있다는 말씀이셨다. 흥정 없이 아무것도 사지 않던 엄마였지만, 그렇다고 마수걸이에 물건 값을 깎을 수는 없으니 당연한 일이었다. 제민천 가 집에서 산성시장은 워낙 가까운 거리여서 서둘 일도 없었다.

산성시장 맛집 골목

벼르고 별러 장에 가는 엄마를 쫄랑쫄랑 따라나서는 속셈은 따로 있었다. 대목장날 장보는 엄마를 따라나서면 내가 가장 좋아하는 구경을 할 수 있기 때문이었다.

첫 번째 구경은 생선전이었다. 생선전은 마른날이나 진날이나 멀리서부터 생선 비린내가 진동을 했기 때문에 평소에는 가장 들어가기 싫은 골목이었다. 한 번 들어갔다 나오면 온몸에 비린내가 묻어나는 느낌이었다.

하지만 명절 장을 보러 가면 동태 포 뜨는 장면을 볼 수 있었다. 머리와 꼬리를 엇갈리게 한 덩어리로 얼린 동태는 박스 모양이었는데, 동태포를 달라고 하면 꽝꽝 언 동태 덩어리에서 동태를 떼어내곤 했다. 날카로운 칼이 동태 틈새를 비집고 들어가 한 마리를 똑 떼는 장면은 조금의 실패도 없이 딱지나 무늬를 뗐을 때의 쾌감과 비슷했다.

얼핏 단단해 보이는 동태를 무 자르듯 쉽게 포를 뜨는 것은 또 다른 구경거리였다. 한 점씩 포를 뜰 때마다 쓱, 하고 칼이 들어가는 소리가 들리는 것 같았다.

2025년 산성시장 장날 오후

정육점에도 생선전 못지않은 구경거리가 있었다. 엄마는 늘 가던 단골 가게만 가시곤 했는데, 국거리 두 근, 간 한 근, 천엽 한 근, 산적거리도 한 근 하는 식의 주문이 끝나면 정육점 주인은 늘 금속 칼갈이에 쓱싹쓱싹 칼을 갈았다. 쇳덩어리에 칼을 간다는 것도 신기했지만, 그 칼로 단번에 필요한 만큼 고기를 잘라내 저울에 탁! 얹는 장면은 지금 생각해도 거의 예술처럼 느껴진다.

군더더기 하나 없이 간결하게 목표를 이루는 모습이 행위 예술 같다고나 할까.

정육점 주인아줌마가 늘 굵은 금반지와 금목걸이를 하고 있는 것도 신기했다. 그것이 마치 상징처럼 느껴져서, 제법 나이를 먹을 때까지도 정육점 주인은 다 금붙이를 해야 하는 걸로 생각했었다.

생선전을 지나 정육점에 다다르면 엄마의 장보기도 끝나게 마련이어서, 생선전과 정육점은 마치 오래 기다린 하이라이트 무대처럼 느껴지기도 했다. 마지막 공연을 보았으니 이제 서둘러 집으로 돌아가는 일만 남았고, 시장에 대한 내 흥미도 급격히 시들해지는 것이었다.

산성시장에 소문난 맛집들이 있다는 것을 나는 최근에

야 알았다. 초등학교 교사인 엄마로서는 사람이 북적대고 시끄러운 시장에 앉아 무언가를 먹는다는 건 상상도 못할 일이었고, 따라서 내게도 금지된 일이었다.

하지만, 그때 엄마랑 나란히 앉아 시장의 떡볶이라도 먹어보았더라면, 혹은 라드에 튀긴 만두나 청양국수의 잔치국수라도 먹어보았더라면 우리의 기억은 또 어떻게 달라졌을까? 전혀 다른 종류의 그리움을 품고 시장에 있는 그때 그 집을 지금도 찾고 있지 않을까?

가끔 공주 원도심에 들어가면 산성시장 앞을 지나친다.

예전에 있던 그릇 가게가 아직도 있어서 대형마트에서는 구경도 못할 양은 주전자나 새파란 플라스틱 양동이를 팔고 있고, 약국도, 금은방도 그대로다.

우리는 마치 처음 보는 풍경인 것처럼 '와, 여기가 아직도 있네!'라며 감탄하곤 한다. 예전에 저곳에서 생애 첫 금반지를 맞췄었다고 이야기하며 지난 기억을 줄줄 쏟아내는 것도 정해진 순서다.

장날이면 여전히 산성시장은 사람으로 북적거린다고 한

다. 인근 지역에 사는 할아버지 할머니는 물론이고 젊은 사람들도 일부러 구경을 온다는 것이다.

질퍽거리는 흙길도 없어졌고, 시장에 지붕이 생겨 비가 오는 날에도 비를 맞지 않아도 되는 산성시장은 예전 기억과는 조금 달라졌다. 하지만 그러면 그런대로 내내 번창하기를 간절히 바란다. 산성시장 어느 골목을 걷더라도 예전의 그곳이 떠오르고, 지난 모든 시간과 즐거움이 한꺼번에 생각나 저절로 미소 짓게 되는 특권을 놓치고 싶지 않기 때문이다.

반짝이는 축제의 바깥에서

일 년에 단 한 번, 백제문화제 가장행렬이 있는 날이었다. 공주고등학교에서 사거리까지 발 디딜 틈 없이 사람들로 가득했다. 귀한 구경거리 앞에서는 양보라고는 없어서 조금이라도 앞으로 나가려고 밀고 당기기는 예삿일이었다.

　하지만 아무리 앞으로 나가려고 해도 이른 아침부터 시골에서 올라온 노인들이 이미 길가에 자리를 잡고 앉아 있었다.

　일찍 자리를 잡지 못한 할머니는 '사람이 백절치듯 한다.'는 말씀과 함께 집으로 돌아가시고, 다른 사람을 밀치고 앞으로 나갈 만큼 억세지 못했던 나는 사람들이 웅성대는 소리, 농고 학생들의 농악 소리, 사람들 머리 위로 나부끼는 깃발의 끝자락과 무령왕이 더 멋지다느니, 동성왕비가 제일 예쁘다느니 하는 감탄을 듣는 것으로 가장행렬 구경을 대신했다. 그 시절의 내게 백제문화제는 북적대는 사람들 속에 상상으로만 화려한 잔칫날이었다.

하지만 초등학교 2학년이 되어 맞은 백제문화제는 남다른 기대가 있었다. 사거리 2층에 병원을 하는 집 아이와 친구가 되었던 것이다. 친구는 일찍부터 길거리에 자리 잡느라 고생할 필요 없이 병원 창문 밖으로 가장행렬을 구경하면 된다고 했다. 드디어 내게도 가장행렬을 제대로 구경할수 있는 기회가 온 것이었다!

마침내 가장행렬이 있는 날, 편하게 재미있는 구경을 해서 좋겠다고 할머니는 부러워하셨고 나는 괜히 우쭐해서 서둘러 친구네 병원으로 갔다. 웅성거리는 소리는 2층까지 들렸고, 작은 창문 아래 사람들의 머리가 내려다보였다. 점점 가까워지는 농악 소리에 맞춰 사람들의 웅성거림도 커졌고, 소리가 커질수록 가슴이 두근거렸다.

그러나 가장행렬이 사거리에 이르렀을 때, 내 기대는 산산이 부서졌다.

깃발이 휘날렸고, 피리 소리가 들렸고, 투구에 달린 술이 보였고, 갑옷 입은 병사가 보였다. 백제 복식을 차려 입고 머리를 틀어 올린 여자들과 왕과 왕비가 탄 차가 보였다. 그런데 그 모든 게 위에서 내려다본 모습이었다. 왕과 왕비의 얼굴도 보이지 않았고, 각설이가 얼마나 재미있는 표정을 짓고 있는지, 갑옷은 얼마나 멋지고 탄탄한지 알 수 없었다.

사거리에서 상모를 돌리는 모습이 보였지만 그나마 멀리 보일 뿐이었고, 가끔 들리는 농악 소리만 쟁쟁했다. 아래에서라면 손에 닿을 듯 화려했을 갑옷과 표정들이 위에서 보니 그저 머리 위를 스쳐보는 행렬일 뿐이었다.

축제의 바깥에서 축제를 함께할 수는 없다는 것을 그제야 알았다. 가장행렬만 백제문화제라 여겼던 내게 그날의 백제문화제는 그렇게도 시시하고 사람만 많은 행사가 되어버렸다.

2019년 백제문화제를 준비중인 공주

백제문화제는 가장행렬뿐만 아니라 전야제나 전시, 공연 등 행사가 많아 사람이 많이 필요했다. 그래서 중학생부터는 행사에 동원되었다. 학교도 학생도 많은 공주에서 학생을 동원하는 것이 가장 쉬운 방법이었을 것이다. 학교마다 돋보이기 위해 다투어 노력하고, 그것을 당연하게 여기기도 했다. 사실 동원되는 입장에서도 강제로 참여한다기보다 거대한 축제에 함께한다는 느낌이 더 컸다.

하지만 공주와 부여가 해를 걸러 백제문화제를 하던 시절이어서 공주에서의 문화제는 2년에 한 번이었다. 중학교도 고등학교도 주로 행사에 참여하던 것은 2학년이었으므로 나의 중학교 생활은 백제문화제와는 무관하게 흘러갔다. 중학교 2학년 때 부여에서 백제문화제가 열렸던 까닭이었다.

공연을 하지 않으니 자유롭게 문화제를 즐길 수도 있었을 텐데 어쩐지 문화제의 전시나 공연을 보러 다니는 게 유치하게 느껴졌었다. 거대한 행렬에 흥분하는 사람들을 보며 나는 그들과는 다른, 더 특별한 세상에 속한 사람인 것처럼 굴었다.

단지 반나절뿐인 행사를 위해 긴 시간을 준비해야 하는 것도 싫었고, 어떤 선택의 여지도 없이 모두가 의무적으로 참여해야 하는 것도 싫었다.

　어쩌면 중2병이 한창이었던 것인지도 모르겠다.

　내가 다닌 고등학교는 매우 적극적으로 백제문화제에 참여하곤 했었는데, 마침 2학년 때 백제문화제가 있었다. 사람이 많은 곳에 가는 것을 무척 싫어했기 때문에 문화제에 참여하기는 정말 싫었지만, 무언가 한 가지 하기는 해야 했다. 전야제 무용 공연에 참여하기로 하고 두어 번인가 연습에도 참여했는데, 갑자기 무용 선생님의 호출이 있었다. '네 담임선생님이 널 시키지 말라고 하니, 빠져야겠다.'는 말씀이셨다. 담임선생님께서 공부해야 할 아이가 웬 무용 연습이냐고 말씀하시는 바람에 무용 선생님께서도 마음이 상한 거였다. 내 입장에서는 어이가 없는 일이었지만, 굳이 무용을 하고 싶었던 것도 아니었다.

　그렇게 열외가 되었어도 그 시간을 공부에 쓰지는 않았다. 한참 글쓰기에 빠져 있던 때라 공부하는 척 책상 앞에 앉아 짧은 단편을 하나 썼던 것으로 기억한다.

결국 나는 공주에서 초중고를 모두 다녔는데도 백제문화제의 어떤 행사에도 참여하지 않은 매우 특별한 경험을 갖게 되었다.

팔구 년 전쯤, 추석 연휴에 부모님을 뵈러 공주에 갔다가 백제문화제가 전국적인 규모의 축제가 되었다고 들었다. 방문객이 백만 명에 이른다는 것이었다. 공산성과 미르섬을 부교로 연결하고, 금강에는 돛배가 가득한데 배마다 불을 밝혀 장관이라고 했다.

집에서도 불꽃놀이를 볼 수 있어서 불꽃놀이를 보는 것으로 백제문화제 구경을 퉁쳤는데, 금강의 야경을 보지 못한 것은 못내 아쉽다고 엄마는 말씀하셨다. 보고 싶을 때 봐야 한다는 내 재촉에, 못 이긴 척 나서는 엄마와 함께 밤나들이를 나갔다.

촘촘히 연등을 밝힌 제민천은 오히려 고즈넉했다. 색색의 화려한 불빛 사이로 조용히 물이 흐르는데, 연등의 반짝임이 오히려 쓸쓸할 정도였다. 아무도 없는 축제의 빛은 피안의 어디쯤인 듯 서늘했다. 모두들 공산성 근처 문화제 행사장에 가 있는 까닭이라고 했다.

2019년 금강 미르섬의 연등

공산성에 가까워질수록 사람이 많아지고 소리가 점점 커졌다.

금서루 성벽에는 미디어 쇼가 한창이었고, 야시장에는 각설이 공연을 구경하는 사람들, 포장마차에 앉아 술을 마시며 웃고 떠드는 사람들, 부모 따라 놀러 나온 아이들까지 빽빽했다. 사방이 번쩍거리고, 음악 소리가 가득하고, 모두들 소리높여 웃고 있었다.

엄마와 나는 사람들 틈을 비집고 금강철교에 가기로 했다. 사람이 너무 많아서 줄을 서서 들어가다시피 했지만, 막상 금강 철교에 서자 너무도 아름다운 장면에 그저 웃음만 나왔다. 공산성은 성벽 따라 불을 밝혔고, 금강에는 반짝이는 배가 열을 지어 서 있었다. 강물의 반영에 불빛은 더욱 반짝였고, 엄마와 나는 홀린 듯 금강철교를 건넜다.

어린애처럼 좋아하시던 엄마의 모습, 이렇게 가까이에 이렇게 예쁜 풍경을 두고서도 여태 한 번도 보러 오지 않았다는 끊임없는 말씀, 네 덕에 백제문화재를 본다는 공치사가 좋았다. 전 세계를 여행하셨으면서도 집 앞 백제문화제가 그리 좋으셨을까.

2019년 백제문화제 야경

다시 강을 건너 돌아오는 길. 축제의 피로가 한꺼번에 몰려왔다. 금서루 성벽의 미디어 쇼를 십여 분쯤 구경하다가 천천히 돌아오는 길에는 다시 고요와 적막, 그리고 제민천을 밝히는 불빛뿐이었다.

요즘도 백제문화제의 가장 인기 있는 프로그램은 가장행렬이라고 한다. 예전처럼 학생들을 동원할 수 없어서 인근 주민들이 참여하는데, 일당 벌이도 되고 재미도 있어서 가장행렬을 하는 사람이나 구경하는 사람이나 모두 좋아한단다. 나로서는 굳이 사람들 틈을 뚫고 들어가 가장행렬을 보고 싶은 생각도 없고, 시간 맞춰 공주를 방문하기도 어려워서 다시 볼 날이 있을 것 같지는 않다.

그래도 백제문화제 근처에 공주에 가면 반짝이는 강물을 바라보며 금강철교를 건넌다. 먼발치로 성벽의 불빛을 보며 부모님 댁 창밖으로 보이던 공산성 불빛을 생각하기도 한다.

불빛이 반짝일 때마다 엄마와의 기억은 차곡차곡 새겨지고, 소리 높여 즐겁던 엄마 목소리가 들리는 듯하다.

진홍에서 파랑까지

레트 버틀러는 여전히 아름다운 스칼렛을 밀어내다시피 외면하고 떠났다. 눈물이 번진 얼굴이지만, 결연히 '내일은 내일의 태양이 떠오를 테니까'라고 말하는 스칼렛은 어느새 커다란 나무 아래에 서서 타라를 내려다보았다.

엔딩크레딧이 올라가는 동안 어둡던 극장에 불이 켜지고 숨죽였던 극장 안은 별안간 활기가 돌았다. 친구들은 다투어 밖으로 쏟아졌고, 나는 잠시 그대로 멈춰있었다.

1982년, 중학교 2학년이었고, '바람과 함께 사라지다' 단체관람을 마친 직후였다.

호서극장에서 집까지는 2km쯤. 귀갓길을 동행할 친구가 있었지만 한마디도 하고 싶지 않았다. 이미 어두워진 길을 삼십여 분, 그저 침묵 속에서 걸었다.

　고요하고 검고 부드럽지만 단단한 무언가가 내 속을 꽉 채운 느낌이었다. 입을 열면 그 모든 것들이 날아가 버릴 것만 같았다.

　마가렛 미첼의 '바람과 함께 사라지다'를 읽은 것은 영화를 보고 며칠 후였다. 그때까지 책을 원작으로 한 영화는 아무리 잘 만들어도 책만큼 재미있지는 않아서 반드시 영화부터 봐야 한다는 나름의 신념을 가지고 있었다. 그런데 그것은 잘못된 생각이었다.

　영화는 책에 비해 조금도 모자라지 않았다. 어떤 설명도 없이 비비안 리는 '스칼렛 오하라' 그대로였고, 클라크 케이블은 '레트 버틀러'였다. 스칼렛이 얼마나 오만하고 어리석으며 동시에 순진한 여자인지 표정만으로도 알 수 있었다. 불타는 애틀란타를 배경으로 한 그들의 키스는 아름다웠고, 찌질한 남자한테 연연하는 스칼렛에게 화가 났으며, 무엇보다 스칼렛이 '타라'라고 말할 때 그 한마디에 담긴

신뢰와 집착과 그리움이 사무쳤다.

영화를 다시 보고 싶었지만 아직 비디오테이프도 없던 시절이라, 책을 읽으며 영화에 대한 기억을 복기하는 수밖에 없었다.

그렇게 '바람과 함께 사라지다'는 기억 속에서 재구성되며 '나만의' 영화가 되어갔다. 단체관람이었으니까 4시간이나 상영했을 리는 없었고, 아마 적당한 데서 필름을 잘라서 2시간 30분 정도로 만든 영화였을 텐데도 그랬다.

'김세원의 영화음악실'의 팬이 된 것도 그때쯤이었다. 타라의 테마를 듣기 위해 시작한 청취였는데 매일 방송을 듣는 동안 모든 영화음악이 좋아지기 시작했다. OST라는 단어가 주는 물씬한 서양적인 느낌도 좋았고, 무엇보다 음악을 들으면서 영화를 상상하는 것이 참 좋았다.

'스칼렛'이라는 이름은 또 다른 충격이었다.
사람 이름이 색깔이라니!
스칼렛의 삶이 얼마나 진홍빛처럼 뜨거운가에 생각이 이르면 가슴 한구석이 짜르르해지는 것이었다.

인터넷이 보급되고 온라인 세상에서 살기 위해 닉네임을 가지게 되었을 때, 늘 색깔을 가져다가 이름을 삼게 된 것은 1982년 공주 호서극장에서 만났던 '스칼렛'에서 비롯된 것이라고 나는 지금도 굳게 믿고 있다.

아주 오랫동안 나는 indigoblue였고, 출판사 이름이 '파랑'이 된 것도 출발은 색깔이었다.

하지만 모든 영화가 그렇게 거창한 의미를 가진 것은 아니었다. 어린 시절의 영화관은 그저 친구들과 함께하는 즐거운 놀이터였다.

친구들과 처음 본 영화는 '마루치 아라치'였던 것으로 기억한다. 영화를 보고 나서 아라치가 더 예쁘냐, 인어공주가 더 예쁘냐를 놓고 언쟁을 벌였다. 우리의 결론은 인어공주의 장신구를 떼고 보면 아라치가 더 예쁘다는 거였다.

주인공은 무조건 이겨야 하고, 무조건 올바른 행동을 하고, 제일 예뻐야 했던 시절이었다.

'메리 포핀스'를 보며 뮤지컬 영화의 신기함에 빠져들었던 것도 그때쯤이었다. '메리 포핀스'는 내가 본 최초의 뮤

지컬 영화였는데, 지금도 줄리 앤드루스가 한 손에는 양산을 들고 다른 손에는 가방을 든 채 아이들을 찾아오던 장면이 머릿속에 선명하다.

공주처럼 작은 도시에 영화관이 셋이나 되었던 것은 아마 학생들이 많았기 때문이었을 것이다. 학생들이 많은 만큼 교사도 많았고, 하숙집도 많았으며 학생들을 상대로 한 서점이나 분식점도 성업 중이었다.

하지만 중학교에 입학하면서 느닷없이 극장이 '출입 금지 구역'이 되었다. 학생과에서 정기적으로 단속을 나왔고, 걸리면 정학 처분을 받을 수도 있었다.

어제까지 즐거운 놀이터였던 곳이 오늘부터 갑자기 비행의 온상이 되어버린 것이다. 이제 한 달에 한 번 있는 단체 관람이 공식적으로 극장에 갈 수 있는 유일한 기회였다.

비록 지정 좌석도 없이 서서 봐야 했고, 겨울엔 난로, 여름엔 선풍기만 돌아가는 눅눅하고 쾌쾌한 공간이었지만, 영화를 좋아했던 내게 공식적으로 영화관에 갈 수 있는 기회는 너무도 소중해서 한 번도 놓친 적이 없다.

새 단장한 아카데미 극장

처벌이 무섭다고 아예 극장에 가지 않은 것은 아니었다. '앤들리스 러브'와 '라붐'의 시대였는데 어떻게 극장을 거부할 수 있을까? 소피 마르소의 사진을 코팅해서 책받침으로 썼고, 카세트테이프에 'reality'와 'Up Where We Belong'을 녹음해 마이마이로 들으며 다니던 시절이었다.

혹시 학생과에 적발되더라도 적당히 혼나는 데서 그칠 수 있는 영화면 괜찮을 거라고 짐작하고 극장에 가는 수밖에 없었다.

극장은 그렇게 우리 모두에게 낭만과 일탈의 장소였다.

대학에 진학하면서는 더 이상 공주에서 영화를 본 기억이 없다. 비디오테이프가 보급되고 사방에 비디오테이프 대여점이 생겨 집에서 편하게 영화를 볼 수 있게 되면서다.

하지만 지난 기억이 한꺼번에 밀려들면 느닷없이 순한 표정이 되고, 그 시절을 떠드는 내내 미소가 입에서 떠나지 않는 느낌은 공주에서 학창 시절을 보낸 사람만이 알 수 있는 것이 아닐까.

**공주의
특별함을
한 곳에 담다**

굿즈 & 기념품

※ 섭외 작가 및 단체

1. 공주로   작가 신민혜
2. 고마뜰공방   작가 염창회
3. 고마스토리   작가 신미현
4. 고마자수   작가 천은정
5. 누루공방   작가 이명주
6. 느루지기   작가 강설아
7. 놀아본콩쥐   작가 윤정임
8. 소정갤러리   작가 이소정
9. 흙도명색아씨   작가 권우진
10. 웅진팬시   작가 이철구
11. 어르신놀이협동조합   작가 이명화
12. 협동조합 새숨   작가 최완분
13. 공주문화관광재단

일시: 2025. 9. 13.(토)부터
19.(금)까지
오후 1시부터 7시까지
장소: 공주시 봉산길 5
(구 아카데미극장)
2층 전시기획실

주관 🏛 공주시 / 공주시활력지원센터

**주민과 함께하는
추억의 영화 여행**

일시: **2025. 9. 13.(토) 부터**
16.(화)까지 오후 4시, 오후7시
장소: **봉산길5(구 아카데미극장)**

상영작:
13일-고교얄개
14일-노량:죽음의 바다
15일-이장호의 외인구단
16일-캐논볼

주관:
🏛 공주시 / 공주시활력지원센터

삼성생명이 어디 있느냐고 물으면 '옛날 중앙극장 자리'라고 대답하는 것, 호서극장 벽에 걸려있던 영화 포스터를 기억하는 것도 우리끼리만 아는 이야기다.

　중앙극장은 사라졌지만, 아카데미 극장은 리모델링을 마치고 복합문화공간으로 문을 열었다. 옛 건물의 앞모습을 그대로 썼다는 소식을 듣고 반가워서 일부러 찾아가 보기도 했다. 내 기억보다 훨씬 크고 현대적으로 변한 모습이 잠시 낯설었지만, '고교 얄개'와 '캐논볼'을 상영한다는 안내에 새록새록 옛 생각이 나서 바보처럼 웃으며 한참을 서 있었다.

　호서극장도 문화공간으로 쓰기 위해 리모델링 중이다. 리모델링이 끝나면 어떤 모습으로 바뀌어 어떤 이름을 갖게 될지 궁금하다.

　하지만, 그 공간들이 어떤 이름을 갖고 어떤 역할을 하게 되든 나는 앞으로도 내내 아카데미 극장과 호서극장이라고 부르게 될 것 같다. 그리고 그 이름 속에서, 나는 여전히 진홍빛 스칼렛을 만나 설렐 것이다.

곰나루, 수채화빛 풍경 다섯

수채화라는 말을 들으면 안개 자욱한 곰나루 솔밭이 떠오른다. 번져가는 수채화처럼 옅고 맑은 빛깔이 곰나루의 안개와 닮아있어서다. 어느 순간 문득 사라져버리는 찰나의 아름다움이 주는 덧없음조차 그렇다.

눈이 오는 날은 곰나루에 가고 싶다. 쌓인 눈을 밟으며 금강에 가까이 가는 한 걸음마다, 조금 더 맑아지고 조금 더 차가워지는 공기를 온몸에 담고 싶어서다.

하지만 작정하고 곰나루를 찾으면 수채화나 안개 생각은 말끔히 사라지고 고라니가 뛰어가는 나무숲에 겹쳐 지금은 사라진 모래사장이 보인다.

모래사장은 언제 모두 사라졌을까?

풍경 하나,

모래사장에는 초등학교 4학년인 내가 있다.

가을 소풍을 온 참이다.

모둠을 이룬 친구들과 모여 모래성을 쌓고 있다. 피라미드 모양으로 층층이 쌓아 올린 모래성에 갈대를 둘러 꽂아 제법 모양을 갖추었지만 그것만으로는 성에 차지 않았나보다. 곰나루 물을 끌어들여 작은 호수를 만들기도 하고 스머프가 살 것 같은 작은 굴을 만들기도 한다.

모래를 덜어내는 손은 손톱 밑까지 모래가 끼고, 타이즈 사이로 모래가 스며든다. 어느새 온몸이 모래범벅이지만 불편하다는 생각조차 하지 못한 채 모래성을 만드는 일에만 골똘하다.

모래성이 완성될 때쯤 점심시간이 된다.

김밥이며, 과일이며, 음료를 챙겨온 엄마들은 삼삼오오 솔밭에 돗자리를 펴고 아이들을 챙긴다. 집집마다 김밥의 모양새와 재료는 다르지만, 김밥이 소풍의 별식이라는 것만은 어느 집이나 같다. 삼 층 찬합을 한 층씩 열 때마다 알록달록한 김밥이 나오고, 예쁘게 모양 내 깎은 과일이 나오고, 삶은 달걀이나 떡이 나오기도 했다. 볼이 미어지도록 김밥을 먹고 나면 솔밭에서의 놀이시간이었다.

나는 소풍마다 친구들과 간단한 연극을 하곤 했는데, 왜 그랬는지는 몰라도 연극은 꼭 참여했던 친구들과의 합창으로 끝났다.

풍경 둘,

다시 곰나루 모래사장, 중학교 1학년 여름방학이다.

검은 주름치마에 하얀 세일러복 블라우스를 입고 곰나루 모래사장에 있다. 방학이지만 외출할 때는 항상 교복을 입어야 하는 것으로 알았던 때였다. 속치마까지 꼼꼼히 챙겨 입고 흰 양말에 검은 학생화를 신은 채 곰나루 모래사장 야유회에 왔으니 얌전이나 빼다 돌아가야 할 터였다.

해마다 누군가가 빠져 죽는다는 곰나루였지만, 이미 대학생 오빠들은 수영을 하는 중이었다. 그들을 오빠라고 불렀던가, 선생님이라고 불렀던가.

중학교에 입학하고 얼결에 RCY 단원이 되었다. RCY가 무엇인지 정확히 알지도 못한 채였다. 아마 친한 친구가 하자고 했거나, 담임선생님이 지도교사였거나 그랬을 거다. RCY 단원은 여름방학에 학교에 나와 응급처치법 교육을 들으라고 했다. 공주사대 RCY 단원들이 학교에 와서 응급처치법 교육을 해준다는 것이었다.

지금은 모두 잊었지만, 삼각건 묶는 법, 인공호흡 하는 법, 지혈대 묶는 법과 하임리히법 같은 걸 배웠다.

그렇게 얼굴을 익힌 공주사대 RCY 단원들이 곰나루로 놀러 간다는 정보를 입수한 2, 3학년 선배 언니들이, 함께 곰나루에 가자고 꼬신 것이었다.

부모님 몰래 온 터라 그것만으로도 마음이 불편했다. 부모님 말씀을 그대로 따르는 모범생은 아니었지만, 나는 거짓말에는 영 소질이 없었다.

하지만 사각거리는 하얀 모래, 한껏 들떠 웃고 떠드는 소리, 함께 물놀이하자는 외침, 반짝이는 햇살 앞에서는 도저히 뒷걸음칠 수 없었다. 영화에서 본 것 같은 비치파라솔도 없었고 선베드도 없었지만, 물은 일렁였고 바람은 몸을 감았다.

신발만 벗고 발만 적셔볼까, 했던 것이 치마를 걷고 무릎까지만, 치맛단이 젖었으니 조금만 더, 어차피 속치마도 다 젖었는걸. 결국에는 교복을 입은 채 그대로 물속으로 들어가고 말았다.

그쯤 되면 어차피 몸을 사릴 일도 아니어서 한 시간 남짓 신나게 물놀이를 하고 흠뻑 젖은 채 솔밭으로 올라왔다.

이제부터가 문제였다.

젖지 않은 거라곤 양말과 신발이 전부였고, 옷을 입은 채로 물을 아무리 짜내도 옷이 마를 리는 없었다.

대학생 오빠들의 뒤풀이에 함께 하자는 선배 언니들의 유혹을 물리치고 귀가를 서둘렀다. 이미 시간이 너무 늦었고, 곰나루에서 집까지는 무령왕릉과 공동묘지 옆을 지나 한 시간 가까이 걸어야 했다. 가는 길에 아는 사람이라도 만난다면 내일이 되기도 전에 그 집 딸이 온몸이 젖은 채 곰나루에서 걸어오더라고 소문이 날 것이었다. 오래도록 계속될 할머니의 걱정과 이웃의 수군거림은 상상만으로도 공포였다.

집까지 가는 길은 멀고도 멀었다. 집에 들어가서 부모님께 얼마나 야단을 맞았는지는 기억나지 않는다. 다만 남은 여름방학 동안 외출을 금지당하고, 긴긴 여름을 집에서 보냈던 기억은 있다.

풍경 셋, 아주 짧은 장면 하나.

중학교 3학년 가을 소풍, 곰나루 솔밭이다.
이제 더 이상 모래사장은 매력이 없다.

초가을 따가운 햇살 아래 까맣게 그을고 싶지도 않고,
모래밭을 디뎠다가 아무리 털어도 버석거리는 경험을 하고
싶지도 않다. 교복 자율화 덕분에 더 이상 흰 세일러 블라
우스에 검은 주름치마를 입지도 않는다. 나는 붉은 체크무
늬 셔츠에 청바지를 입고 있다.

소풍이라고 아이처럼 놀 일이 뭐냐고, 제법 시크한 척
솔밭에서 빈둥거리다 기념사진을 한 장 찍기로 했다.
사진기를 빌려와 사진을 찍어준 아이가 누구인지는 기
억나지 않는다.
하지만 아직도 가지고 있는 사진 한 장.
사진 속에는 친구와 나, 그리고 담임선생님이 있다. 담
임선생님은 어디서 무엇을 하시는지 모르지만, 사진 속 친
구는 스무 살이 되기 전에 죽었다.

풍경 넷, 아주아주 짧은 장면 하나.

고등학교 2학년 가을 소풍, 다시 곰나루 솔밭이다.

마지막 가을 소풍이기도 하다.

고등학교 3학년은 가을 소풍을 가지 않는다.

솔밭 어디쯤에 아무렇게나 앉아

한참 장기자랑 중인 친구의 모습을 보고 있다.

사람이 많은 곳이 싫다.

활짝 웃는 모습들이 다른 세상을 보는 것 같다.

사진도 찍지 않는다.

어서 이 시간이 지나고 집에 돌아가고 싶다.

곤한 몸을 뉘어 쉬고 싶다.

풍경 다섯, 숨 고르기.

엄마가 돌아가셨다.

혼자 남은 아버지와 주말을 함께 지내기 위해 공주에
가는 길이다. 손주가 몇 명인지도 잊고 앞도 못 보는 아버
지를 이제 더 이상 아빠라고 부르지 않는다.

젊은 시절의 아빠가 그립고, 허송하듯 흘려보내는 내 시
간이 애틋해 숨을 죽인다.

곰나루에 잠시 차를 세운다.

이른 아침이라 안개가 자욱하거나 가끔은 눈발이 날린
다. 그리고 금강에 가까이 가는 한 걸음마다 조금 더 맑아
지고 조금 더 차가워지는 공기를 온몸에 담으며 이곳이 품
은 지난 시간을 생각한다.

웅녀가 아무리 절박한 사랑을 주어도 어린 새끼들조차
외면하고 도망가는 남자가 올라섰던 자리다. 새끼들과 함
께 물에 빠져 죽은 웅녀의 심정도 안쓰럽지만 원치 않는
사랑에서 도망하는 남자의 진저리도 사무쳐 어느 쪽을 탓

할 것도 없이 삶의 슬픔을 생각하게 하는 자리다.

천사백 년 전, 나라를 잃고 당나라에 끌려가는 의자왕이 섰던 자리다. 성군이었든 암군이었든 실패한 군주가 머물 자리는 없다.

얼마나 많은 이들이 이 나루에서 떠나고 돌아왔을까.
얼마나 많은 이들이 이곳에서 기뻐하고 절망했을까.
안개 담은 솔밭은 이곳이 우리들의 놀이터였던 그날의 기억조차 나이테에 새겨 넣었을 것이다.

이제 다시, 작정하고 곰나루를 찾아 전망대에 서면 고라니가 뛰어가는 나무숲에 겹쳐 지금은 사라진 모래사장이 보인다.

모래사장은 언제 모두 사라졌을까?
반짝이던 지난날들은 언제 모두 사라졌을까?

공산성, 오롯한 풍경 다섯

공산성 금서루 앞 회전교차로 한가운데, 한 손엔 국서를 쥐고 다른 손은 앞을 가리키는 무령왕 동상이 서 있다. 백제 시대의 옷을 입고 있지만, 동상의 자태는 매우 세련되어 언뜻 보면 현대의 아이돌처럼 보이기도 한다.

공주에서 나고 자란 이들이 흔히 그렇듯, 공주를 방문할 때마다 그 앞을 수도 없이 지나쳤어도 그 자리에 동상이 서 있는지조차 몰랐었다.

그러다 어느 날, 무령왕 동상이 360도 회전이 가능하다는 기사를 읽고 흥미를 느꼈다. 10월부터 이듬해 4월까지는 공주 원도심 쪽을 바라보게 하고, 5월부터 9월까지는 서쪽을 바라보게 한다는 설명이었다.

그때부터다.

공산성 금서루 앞 회전교차로를 지날 때마다 무령왕이 지금은 어느 곳을 바라보고 있는지 살펴보는 버릇이 생겼다.

어느 날 문득 무령왕의 방향이 바뀌면 무령왕과 함께 작은 비밀을 나누어 가진 것 같은 즐거움을 느끼곤 했다.
천오백여 년 전 같은 땅에 살던 이와 슬쩍 눈웃음을 나눈 느낌은 정말 멋진 것이어서, 천오백여 년 전 그가 서 있었을 공산성의 성벽과 그 안에 켜켜이 쌓인 세월을 저절로 상상하게 되는 것이다.

풍경 하나,

1975년 이른 봄날이다.

산성공원에 가자고 하시는 아빠를 따라나섰다.

눈부신 햇살은 반짝이지만 바람은 차갑다.

산성동 골목길에 접어들어 좁고 가파른 언덕길을 오른다. 하마비에서 언덕은 끝나고 이제 돌계단이다.

밭은 숨을 몰아쉬는 내게 아빠는 놀리듯 말한다.

'오늘은 전망대까지 올라갈 건데, 못 따라오면 떼놓고 가야겠다!'

쌍수정 앞 잔디가 산성공원의 전부인 줄 알았던 나는 당황한다. 더 안쪽으로 들어가면 앞이 보이지 않는 숲이 펼쳐질 것 같고 금세 길을 잃을 것만 같다.

'헨젤과 그레텔처럼 하얀 조약돌도 없는데 어쩌지?'

행여 놓칠세라 아빠 손을 더욱 힘주어 잡는다.

진남루를 통과해 쌍수정 입구에 오르자 혹시? 하는 기대감에 아빠를 바라보지만, 아빠는 모른 척 내 손을 잡아 이끈다.

나무는 우거졌지만 뜻밖에 길은 평평하고 넓다.

나무 냄새, 초록빛 숲 냄새가 훅, 끼친다. 쌍수정에서는 맡아본 적 없는 냄새다. 나무들 사이로 햇살의 빛내림이 부시다. 맞잡은 손바닥에 땀이 나 축축해지자 나는 슬쩍 아빠의 손을 놓는다. 이런 길이면 하얀 조약돌이 없어도 집에 찾아갈 수 있을 것 같다.

얼마나 걸었을까, 갈림길을 앞에 두고 저쪽으로 내려가면 사람들이 사는 마을이 있다고 아빠는 말한다. 성안에 사람이 사는 건 정말 이상한 일이라고 나는 생각한다. 텔레비전 드라마에서 보던 옛날 사람들처럼 하얀 한복을 입고 상투를 틀고 비녀를 꽂았을까?

내 궁금증은 아랑곳없이 아빠는 가파른 성벽 길로 나를 이끈다. 저기 보이는 전망대까지 갈 거라고 말씀하신다.

가까워 보이지만 높다.

저 가파른 길을 어떻게 올라갈지 걱정부터 앞선다. 놓았던 아빠 손을 다시 잡는다. 정상에 가까워질수록 경사는 더 가파르고 암벽을 오르는 기분마저 든다. 매달리다시피 아빠에게 기대 마지막 걸음을 디딘다.

아! 금강이다!

발밑은 까마득한 낭떠러지지만 아찔할 새도 없이 오직 감탄뿐이다. 푸른 강물과 은빛 철교와 햇살에 반짝이는 윤슬이 시리다. 강바람이 몸을 감고, 성벽을 오르느라 땀에 젖은 이마에 갑자기 한기가 든다.

멋있다는 말만 되풀이하는 나를 보며 아빠는 웃는다.

성벽을 어떻게 내려왔는지, 집까지 또 얼마나 먼 길을 걸어왔는지는 기억나지 않는다.

그날 이후 한참 동안 친구들과 공산성 이야기가 나올 때마다 '너 전망대 가봤어? 산성공원 꼭대기에 있어! 거기 가면 금강이 다 보인다!'라고 잘난 척하며 떠들었던 기억만 남아있다.

풍경 둘,

초등학교 4학년, 아니면 5학년.

봄 소풍 날이다.

공주 시내 모든 초등학교의 봄 소풍은 항상 공산성이었다. 공산성 중에서도 쌍수정 앞 잔디밭. 여느 때처럼 소풍 전에 친구들과 간단한 연극을 준비하고, 함께 연극한 친구들과 합창으로 끝내는 공연을 한다. 노래를 잘 하는 친구들은 독창을 하기도 하고, 술래잡기나 닭싸움 같은 게임을 하기도 한다.

겁이 없는 아이들은 숲으로 들어가 '다람쥐다!'라고 소리치며 쫓아가기도 하고, 성미 급한 친구들은 김밥 도시락을 열어 이른 점심을 먹기도 한다.

소풍 오기 전에 인조와 쌍수정에 얽힌 이야기를 배웠다. 쌍수정 앞 커다란 나무들을 보며 이 나무가 벼슬을 받은 나무인가보다, 알은 척도 해본다.

하지만 난이 평정되기를 기다리는 인조의 간절함이 별로 애틋하지는 않다고 생각한다. '묵'이라는 물고기를 맛있게 먹고 '은어'라고 이름을 붙여줬다가 궁궐로 돌아가 맛난 음식들을 먹게 되자 맛이 없다고 '도로 묵이라고 해라.'했다는 이야기를 들었기 때문이었다. 그래서 은어가 '도루묵'이 되었다니, 인조는 참 찌질한 사람이었구나 생각했다. 반란에 피난 온 임금이 먹을 것에 대한 이야기만 남겨놓고 나무에 벼슬이나 주었으니, 임금이라고 다 용감하고 멋지고 똑똑한 건 아닌가 보다, 생각하기도 한다.

삼삼오오 자리를 펴고 점심을 먹는 동안에 선생님들은 보물찾기를 준비하셨다. 나뭇가지 틈, 낙엽 아래, 꽃잎 사이에 상품이 적힌 쪽지를 숨겨두는 것이다. 어려서부터 지금까지 투지라고는 없는 나는 닭싸움도 보물찾기도 심드렁하다. 닭싸움은 어차피 이길 리 없고, 보물찾기는 찾아도 그만, 못 찾아도 그만이어서 대충 찾는 척만 하고 있다.

그런데 웬걸.

커다란 벚나무 아래 낙엽 사이로 하얀 종이가 보인다. 설마, 하면서도 주워 펼친 종이에는 '연필'이라고 쓰여 있다. 이미 샤프펜슬을 쓰기 시작한 뒤라 조금 실망이다. 하지만 골똘히 보물찾기를 한 친구도 아무것도 못 찾았으니, 이만큼이면 좋다고 생각한다.

영은사 원경

풍경 셋,

중학교 1학년, 친구가 '영은사에 가보자' 한다.

산성공원에 가면 성안마을도 있고, 영은사라는 절도 있다는 것이다. 이제 성안마을 사람들이 상투를 틀고 비녀를 꽂고 살 거라고 생각할 만큼 어리지는 않다. 하지만 여전히 '성안마을'은 딴 세상을 가리키는 단어 같다.

게다가 영은사라니.

절은 갑사, 동학사, 신원사, 마곡사만 있는 줄 알았던 내게 걸어서 갈 수 있는 절이 있다는 건 무척 신기하게 느껴졌다. 공주 원도심에는 포교당이 있었고, 집에서 멀지 않았는데도 포교당이 '절'이라는 것을 미처 몰랐던 까닭이었다.

사람이 없는 공산성은 기억과는 전혀 다른 모습이었다.

나무를 바람을 빛을 즐기기에는 너무 괴괴했다.

어른들 없이 우리끼리만 들어온 숲길이라 더 그랬다.

가면 안 될 곳에 가고 있는 것 같은 불안감에 성안마을에 가까워질수록 말을 잃었다. 하지만 여기서 그만 돌아가자고 할 수도 없었다. 기껏 따라나섰는데 중간에 그만두는 건 어쩐지 친구에 대한 배신 같았다.

성안마을에 들어서면서 순식간에 굳었던 몸이 탁, 풀렸다. 그냥 작은 시골 동네 같아서였다. 농작물이 자라는 집들 사이로 작은 가게도 있었다. 우물터를 보았던 것도 같은데, 원도심에도 우물은 있었으니까 새삼스러울 것도 없었다. 이상하리만큼 사람이 없었고, 그저 조용하기만 했다.

마을 앞에 금강이 흐르고, 마을과 금강 사이에 공북루가 있는 것만 신기했다.

잔뜩 기대를 하게 했던 친구는 조용한 성안마을이 조금 겸연쩍었던지 영은사에 가자고 했다.

이응 자가 많이 들어가서 그렇게 느꼈을까?

영은사라는 이름이 동글동글 참 예쁘다는 생각을 하면서 친구를 따라갔다.

친구는 이곳에 몇 번이나 다녀갔던 걸까? 앞서 걷는 걸음이 익숙했다.

영은사는 아주 작고 퇴락한 절이었다.

절 앞에 커다란 나무가 있고, 나무 아래에 들마루가 하나 있었다. 역시 아무도 없는 그곳에서 나와 친구는 가만히 강물만 보며 앉아 있었다. 도무지 소리 높여 떠들 기분이 나지 않아서 웃음도 이야기도 모두 잊었다.

'새벽 하늘의 긴 강물처럼 종소리가 흐르면, 오랜 기도로 스스로를 잊는 그런 여인으로 살게 해 주십시오'라는 릴케의 시구가 마음 한구석에서 시냇물처럼 졸졸 흘러나와 강물을 타고 흘러가는 느낌이었다.

매일 시를 읽고, 필사하고, 제대로 이해하지도 못한 시들을 모두 이해한 듯 여기던 나이였다.

그렇게 다시는 오지 않을 날들이 강물 따라 흐르고 있었다.

풍경 넷,

2018년 언저리 어느 봄날.

먼 길 나들이를 마치고 집으로 돌아가는 길이다.

마침 공주를 지나게 되어 충동적으로 공산성에 들르기로 한다.

벚꽃이 한창인 계절, 쌍수정 앞 잔디밭을 둘러 온통 벚나무라는 것은 알지만 한 번도 쌍수정의 벚꽃을 본 적이 없었다. 소풍 말고는 쌍수정을 찾을 일이 없었는데 소풍은 늘 벚꽃이 진 후, 오월이었던 까닭이다.

하마비에서 진남루를 오르는 길은 이제 어릴 적 언젠가처럼 힘들지 않다. 지난 오십 년 동안 공산성에 올랐던 모든 시간이 펼쳐진 병풍처럼 눈앞에 지나간다고 생각하다 말고, 실제로 공산성에 올랐던 것은 넉넉잡아도 백 번 남짓이었을 거라는데 생각이 미친다.

성벽이 정비되었으니 진남루에서 성벽 위를 걸어 쌍수정에 가기로 한다. 성벽 따라 꽂힌 노란 깃발이 바람에 펄럭인다. 깃발 흔들리는 풍경을 좋아하는 나는 꽃도 햇살도 이미 잊고서 온몸으로 바람을 품기에 여념이 없다.

　성벽 위에서 문득 걸음을 멈춰선 것은, 벚꽃에 파묻힌 충남역사박물관의 풍경 때문이었다. 온통 벚꽃에 담긴 옛 건물은 풍경만으로도 이야기 같다.

　벚꽃을 볼 생각이었으면 충남역사박물관에 갔어야 하는구나, 좋은 풍경을 담으려면 망원렌즈를 챙겨왔어야 하는구나, 뒤늦은 후회를 한다.

쌍수정 앞에 이르렀을 때, 어릴 적 놀던 잔디가 모두 사라져버린 것을 깨닫는다. 잔디는 사라지고 유적지 발굴이 한창이었다.

네모반듯하게 칸칸이 분리된 구획에는 금줄이 쳐 있고, 제 모습을 찾은 백제 연못은 깊고 둥글다. 어쩌면 이곳이 왕궁터였을 수도 있다고 한다.

우리는
천오백 년 전 왕이 잠들던 자리에서 김밥을 먹고
달빛을 보던 자리에서 달리기를 하고
우물이 솟던 위에서 보물을 찾았구나!

벚나무는 한창 벚꽃을 피웠고, 나는 난생 처음 쌍수정의 벚꽃을 본다.

꽃이 핀 가지를 얼굴 옆으로 당겨 꽃과 함께 사진을 찍는 중년 여자의 모습이 예뻐 슬며시 웃음이 나온다. 삼삼오오 꽃놀이 중인 젊은 여자아이들도 가득하다. 그녀들의 웃음소리는 새소리처럼 맑고, 나는 사진을 찍을 생각도 잊은 채 우리는 참 좋은 시절을 살았었다고 해탈한 노인처럼 흐뭇한 미소만 짓고 있다.

풍경 다섯,

큰마음을 내어 공산성 성벽 길을 걷기로 한다. 출발한
지 삼 분도 안 돼 후회가 밀려드는 경사 가파른 길이다. 하
지만 늘 봄 소풍을 왔기 때문일까? 내게 공산성은 햇살 반
짝이는 봄날 같아서 걸음마다 즐겁다.

아빠의 팔에 매달려 기다시피 성벽을 오르던 기억도 즐
겁고, 금강과 금강철교를 일별하는 순간 스쳐 가는 가슴
뜀도 찬란하다. 나뭇잎 사이에서 하얀 종이의 끝자락을 발
견했을 때의 놀람과 종이에 적힌 '연필'이라는 두 글자는
지금도 생생하다.

성안마을과 영은사를 찾았던 날, 가만히 금강을 바라보
던 경험도 그림 같다. 그렇게도 호젓하고 험한 길을 계집
아이들이 겁도 없이 다녀왔다고 며칠이나 할머니께 걱정을
듣던 기억도 새록새록이다.

곳곳이 사진을 찍으면 작품이 되는 공산성이지만, 카메라를 꺼낼 생각조차 하지 않는다. 지나는 곳마다, 밟는 땅마다, 어느 봄날의 기억으로 가득 차 있어 더 이상의 기록을 남기고 싶지 않기 때문이다.

걸음걸음 담긴 이야기들을 기억하면서 성벽 길을 한 바퀴 둘러 내려왔을 때 회전교차로에 선 무령왕이 어느 곳을 향해 서 있는지 확인하는 것도 잊지 않는다.

천오백여 년 전 같은 땅에 살던 이와 슬쩍 눈웃음을 나눈 듯한 멋진 느낌을 가슴에 품고 공산성의 성벽에 켜켜이 쌓인 세월을 상상해보는 것이다.

홀로 걷는 길

"진희야, 성당 가자."

 외할머니 말씀에 자리에서 벌떡 일어났다.

 아직 잠도 덜 깬 채였다.

 딸네 집에 다니러 오셔서도 주일 미사를 꼬박꼬박 지키시던 외할머니께서는 성당에 가실 때 항상 어린 나를 동행하셨다.

 아직 학교에 들어가기도 전인 나는, 믿음이라고는 전혀 없었다. 다만, 성당 입구에서 성모 마리아를 향해 성호를 긋는 순간 다른 세상으로 들어가는 듯한 느낌이 특별했다.

 성당 안에 들어서면서 오랜 지인들과 인사를 나누시던 외할머니의 모습, 신도들 머리에 쓴 하얀 미사보와 미사 중간에 일어서서 '평화를 빕니다.'라고 말하면서 옆에 선 사람들과 인사를 나누는 부분이 그렇게도 좋아서 마음이 울컥 쏟아지는 것이었다.

외가는 독실한 가톨릭이었고, 아빠는 엄마와 결혼하기 위해 세례를 받으셨다. 공주 중동성당에서 혼례미사로 결혼식을 하셨고, 나는 태어난 지 얼마 안 돼 유아세례도 받았다. 두 살 어린 남동생까지 유아세례를 받았으니까 엄마 아빠가 냉담하게 되신 건 아마 1970년 근처였을까.

크리스마스 자정미사에 참석하는 것 외에는 성당에 가시는 일이 거의 없었고, 나도 서울 사는 외할머니께서 오셔서 성당에 가자고 하시기 전까지는 성당에 갈 일이 없었다. 그러니까 내게 중동 성당은 연례 나들이 비슷한 거였다.

우리 가족이 믿음을 되찾고 다시 성당에 나가게 되는 것이 외할머니의 평생 소원이셨다. 하지만 엄마 아빠가 다시 성당에 다닐 날은 멀었다는 생각을 하셨던 걸까?

4학년 되던 해, 공주에 오신 외할머니는 내게 묵주와 미사보와 성경책을 사주시고, 주일 학교에 등록해 주셨다.

이제 나는 공식적으로 '성당에 다니는 아이'가 된 것이다!

화들짝 깨어 잠옷을 벗어던지는 것으로 일요일 아침이 시작되었다. 토요일 밤 주말의 명화를 보고 늦게 잠들었기 때문에 어린이 미사 시간에 늦지 않으려면 서둘러야 했다.

우체국 앞 다리를 건너 곧장 올라가면 중동성당이었다. 다리를 건널 때부터 벌써 성당의 첨탑이 보였지만, 보이는 것보다는 먼 거리인데다 오르막길이어서 성당 계단 앞에 도착할 때쯤이면 벌써 숨이 찼다.

가파른 계단을 오르며 성당에 가까워질수록 순례길이라도 나선 것처럼 단정하고 경건한 마음이 되었다.

신발을 벗고 성당 안으로 들어가 차가운 마룻바닥에 발을 디디면 촛대에 꽂힌 촛불은 일렁였고, 스테인드글라스를 통과한 색색의 햇살은 부드럽게 반짝였다.

레이스 가득한 하얀 미사보를 쓰는 것으로 나 또한 성당 풍경의 일부가 되었다.

어린이 미사가 끝나면 주일 학교였다.

성경에 대해 공부하고 믿음을 다지자는 취지였지만, 내 기억 속 주일 학교는 친구들을 만나 떠들고 노는 시간에 더 가까웠다.

다른 학교에 다니는 낯선 친구들을 만나면 처음에는 쭈뼛쭈뼛 거리를 두다가 어느새 옆집 친구처럼 친해져 재잘재잘 이야기를 나누곤 했다.

중학교에 입학하면서 중등부 미사에 참여해야 했다.

중등부 미사는 화요일인가 수요일 저녁이었는데, 성당에서의 즐거움도 시들해진데다 평일 저녁 미사에 매주 참석하기도 어려워 차츰 미사를 빼먹게 되었다.

시간이 흘러 성당은 기념물이 되었고, 가끔 공주를 찾을 때 옛 추억을 소환하며 산책 삼아 찾는 곳이 되었다.

계단을 올라 고개를 치켜들고 성당의 높은 첨탑을 보는 것보다, 옛 박물관 앞에 서서 보는 성당이 더 아름답다는 것은 어른이 되어서야 알았다. 옛 박물관에 벚꽃이 흐드러지면, 휘영청 늘어진 벚꽃 가지 사이로 보이는 성당의 모습은 그대로 한 폭의 그림이 된다.

평생 냉담하셨던 엄마는, 갑자기 병을 얻어 임종이 얼마 남지 않게 되자 종부성사를 받고 싶다고 하셨다.

이미 어린 날의 나는 간데없고, 반짝이는 스테인드글라스도 없었지만, 엄마의 종부성사를 함께하며 엄마가 마음의 평화를 얻으시기를 바라고 또 바랐다.

그것으로 가톨릭과 나의 인연은 그만인 줄 알았었다.

중학교 2학년 때 제민천 가 작은 집에서 금성동으로 이사를 갔기 때문에 십여 년 간 황새바위 앞을 지나다녔다.

하지만 황새바위에 올랐던 적은 한 번도 없었다.

황새바위 앞 오솔길은 대낮에도 어둑하고 외진 우범지대였다. 더구나 가톨릭 순교지여서 종교 박해 때 수없이 많은 사람들이 처형당한 곳이라고 했다. 얼마나 많은 사람들이 죽었는지 흙빛까지 핏빛이라는 그곳에 차마 발걸음 할 엄두도 나지 않았다.

깨끗하게 재정비되고 성지 순례차 찾는 신자들이 많다는 말을 들으면서도 나는 굳이 황새바위에 가지는 않았다. 믿음도 없는 내가 구경삼아 순교지에 갈 일은 아니라는 생각도 있었다.

그런데 엄마가 돌아가시고 아버지 혼자 남으셨을 때, 뜻밖에도 황새바위가 나의 산책로가 되었다.

혼자 남은 아버지를 돌보기 위해 공주에 머물게 되면서 내겐 쉴 공간이 절실해졌다. 엄마의 죽음을 애도할 틈도 없이 아버지 수발에 시달리는 일이 버거웠기 때문이었다.

잠시라도 혼자 있고 싶었다.

아침 아홉 시, 요양보호사의 출근을 확인하자마자 집을 나섰다. 하루에 세 시간뿐인 내 시간을 오직 나를 위해 쓰기 위해서였다.

커피숍을 찾아 커피를 마시며 책을 읽기도 하고, 공주교육대학교에서 금강까지 제민천을 따라 걷기도 했다. 공산성에 올라 긴 산책을 하기도 하고, 곰나루에 가서 넋을 놓고 있기도 했다.

하지만 공주 원도심에서 유일하게 일찍 여는 커피숍이 쉬는 날인데, 곰나루도, 제민천도, 공산성도 모두 싫은 날도 있었다.

그날도 그런 날이었고, 무심히 집을 나서 발길 닿는 대로 걷고 있었다. 문득, 황새바위 철쭉이 그렇게도 아름답다는 말을 들었던 기억이 났다.

핏빛 땅에서 피어올라 그렇다던가.

아직 철쭉이 만개할 계절은 아니었지만, 꽃이 아름답게 피는 자리라니 좋았다.

돌계단을 걸어 올랐다.

십자가의 길을 지나 순교자 광장에 들어서자 바람이 몸을 감았다. 사람은 아무도 없었지만 나뭇잎은 연둣빛으로 반짝였다. 어쩌면 멀리서 새소리도 들렸던 것 같다.

십자고상을 지나 부활 광장 야외 제대 앞에 섰을 때는 숨이 멎는 기분이었다.

열두 개의 커다란 돌에 새겨진 순교자들의 이름들.

열여덟 살, 열여섯 살, 열 살, 차마 믿을 수 없는 나이들을 어루만지듯 읽었다. 이름 하나라도 빼놓으면 안 될 것 같아서, 순교성지를 구경 온 죄스러움을 그렇게라도 다스려야할 것 같아서였다.

그날부터 제민천도 공산성도 곰나루도 싫은 날에는 황새바위를 찾았다. 바람 속에 햇살 속에 나뭇잎 흔들리는 소리에 몸을 맡기고 천천히 순교자들의 이름을 읽었다.

'믿음이 얼마만큼이면 목숨을 버릴 수 있는 것일까?'라는 의문은 여전히 답을 찾지 못했다.

하지만 순교자들의 이름을 읽으며 그들의 굳건한 믿음을 조용히 헤아리는 것만으로도 막막했던 내 마음이 저절로 위로받는 기분이었다.

그들의 목숨에 가슴이 저리다가, 부질없다는 생각에 헛헛하다가, 어느덧 목숨값으로도 헤아릴 수 없는 마음의 깊이를 생각하며 가만해지곤 했다.

천천히 달래 어루만져 내 안 어딘가에도 있을 끝모를 세계 하나를 꺼내보고 싶어졌다.

이제 아버지도 돌아가시고 하염없이 공주를 걸을 일도 사라졌다. 그래도 공주 원도심에 가면 잠시라도 틈을 내어 걷곤 한다.

원도심 어디서든 아버지가 사시던 집이 보인다.

멀리 황새바위 부활탑도 보인다.

살다가 어느 날, 생각이 소용돌이치고 막막하여 괴로운 날을 다시 만나면 황새바위를 찾아 위안을 얻어도 좋을 것 같다는 생각도 든다.

한 명, 또 한 명, 순교자들의 이름을 읽으며 스스로를 어루만져 달래도 좋을 것 같은 마음이 드는 것이다.

시간의 조각을 맞추며

국립공주박물관이라는 말을 들으면 여전히 국고개에 있는 옛날 박물관 건물이 떠오른다. 공주를 찾은 관광객들에게 아무 생각 없이 '박물관 야경이 예쁘다.'든가 '박물관 벚꽃이 아름답다.'고 말했다가 아차, 하고 충남 역사박물관이라고 고쳐 말할 때도 여러 번이다.

가파른 계단을 올라가야 하는 높은 곳에 자리해설까.

멋진 창을 가진 박물관 건물은 먼 데서 보는 것만으로도 특별한 느낌이 있었다.

하지만 계단을 다 오르면 제일 먼저 만나는 것은 그늘이었다. 국립박물관이라고는 해도 그다지 넓지 않은 박물관 마당은 아름드리나무가 그린 그늘로 깊고 선선했다.

그늘 안에 선 불상이 여럿, 손목이 없거나 머리가 없거나 모두 어디 한군데쯤은 부서진 불상들이었다. 용케 손도 머리도 다 갖춘 불상은 대개 코가 없었다. 부처님 코를 갈아 먹으면 아이 못 낳는 여자들도 아이를 가질 수 있다는 속설 때문에 사람들이 코를 갉아가서 그렇다고 했다.

얼마나 아기가 간절했으면 부처님의 코를 먹었을까?

하지만 아이를 원하는 마음을 이해하기에 너무 어렸던 나는, 훼손된 불상들이 무리 지어 선 모습이 볼 때마다 무섭기도 하고 불쌍하기도 했다.

정말 이상한 것은 머리가 없는 불상보다 손목이 잘린 불상이 더 아파 보인다는 것이었다. 뭉뚝해진 부처님 손목을 보고 있노라면 내 손목조차 아픈 것 같았다.

박물관 건물에 들어서자마자 서늘함이 밀려들었다. 박물관 특유의 냄새와 온도가 여기부터는 다른 세상이라고 금을 긋는 듯했다. 조금은 어둡고 천장은 높았다.

관람객은 거의 없었고, 아빠는 차근차근 돌도끼나 화살촉 같은 유물들을 설명하시고자 했지만 나는 늘 건성이었다. 내가 가장 좋아하는 유물은 금제 관장식이었고, 나는 항상 그것만 보고 싶었다.

타오르는 불꽃같은 관장식은 너무도 섬세해서 숨이라도
크게 쉬면 휠 것 같았다. 감히 만져보고 싶은 생각조차 해
본 적이 없었다. 관장식에 비하면 귀걸이도 목걸이도 너무
투박해서 반짝임조차 매력이 없었으므로 내가 박물관에
따라나서는 까닭은 오직 금제 관장식 때문이었다.

대학에 간 뒤에도 가끔 혼자서 박물관을 찾곤 했다.

한적함이 좋아서였을까?

반짝임이 좋아서였을까?

어쩌면 서늘함 때문이었을 수도 있고, 그저 벚나무 가지 사이로 성당의 첨탑이 보이는 풍경이 좋아서였을 수도 있겠다.

항상 관람객은 거의 없었고, 손이 잘린 부처님의 모습은 아팠으며, 금제 관장식은 반짝였다. 흐드러진 벚꽃에 파묻히면 그림처럼 아름다운 풍경이 된다는 것을 알면서도 오히려 벚꽃 피는 봄날이었던 적은 거의 없었다. 늘 벚꽃을 보겠다고 벼르기만 하다가 너무 늦거나 아주 늦었다.

엄마가 돌아가시고 한 달, 아버지 곁을 지키느라 공주에서 지내다가 벚꽃 필 계절이라는 것을 깨달았다. 아주 잠시 짬을 낼 수 있었고, 비가 쏟아지고 있었다. 하지만 그래도 박물관에 벚꽃을 보러 가기로 했다. 국립공주박물관이 무령왕릉 옆으로 이사한 지는 이미 오래되었지만, 여전히 나의 박물관은 국고개에 있었으므로 나는 조금의 망설임도 없이 '박물관에 벚꽃을 보러 가자.'고 마음을 내었다.

아직은 쌀쌀한 사월의 이른 아침, 비 오는 박물관 계단 아래 서서 이미 꽃을 떨군 벚나무 가지들을 바라보았다. 꽃이 졌다고 그대로 돌아갈 수 없어 계단을 올랐다. 깊고 선선한 나무 그늘 대신에 바닥을 하얗게 덮은 꽃잎만 가득했다.

목이 잘리고 손목이 잘리고 코가 사라진 불상들은 모두 사라지고, 너른 자리에 벤치만 우두커니 놓여있었다.

차마 봄비 오는 아침을 즐길 마음도 나지 않아 우산을 쓴 채 한참을 서 있었다. 연둣빛 잎이 솟기 시작한 나무는 마냥 싱그러운 봄날인데 나 혼자 여전히 겨울이었다.

무령왕릉 가는 길 벚꽃이 얼마나 좋은지 모른다던 엄마의 낭랑한 목소리가 떠오른 건 그날이었던가, 다음날이었던가.

부모님 사시던 집에서 이십여 분을 걸어 무령왕릉과 공주종합운동장을 지나면 국립공주박물관이 있었다. 굳이 벚꽃을 보고 싶다는 생각은 사라져버렸지만, 꽃길을 걸어 반짝이는 관장식은 보고 싶었다.

흩날리던 비도 긋고 그제보다 조금 더 환한 봄날 아침, 작은 고갯길을 넘었다. 벚나무 아래 하얀 카펫처럼 깔려있는 꽃잎을 밟고 걸으며 엄마와 아빠가 함께 걸었을 벚꽃 흐드러진 봄날을 생각했다.

이미 아버지 눈이 잘 안 보이기 시작하실 때여서 엄마는 항상 아버지 팔을 잡고 걸었다. 속사정을 모르는 사람들이 '저 나이 먹어서도 손을 잡고 다닐 만큼 금슬이 좋다.'고 부러운 듯 흉보듯 얘기한다고 말씀하시던 엄마는, 돌아가시던 순간까지도 오직 아버지 걱정이셨다.

아버지를 모시고 나왔더라면 좋았겠다고 잠시 생각했지만, 내게도 혼자 걷는 시간이 필요했으니 그런 생각은 접어두기로 했다.

아직 이른 시간이라선지 무령왕릉 주차장은 텅 빈 채였다. 무령왕릉 쪽으로 길을 건너 한옥마을 담벼락을 따라가다가 작은 쪽문을 발견하고는 무슨 변덕인지 한옥마을 구경을 하기로 했다. 공주를 찾는 관광객들에게 무척 인기있는 숙소라는 말을 들었지만, 한 번도 묵을 기회는 없던 한옥마을이었다.

정갈한 담을 따라 기와집과 초가집이 오밀조밀 예뻤다. 층층이 쌓인 장작 옆으로 장작 때는 아궁이가 보이고, 아궁이 위로는 굴뚝도 솟아있었다.

혹시 황토방일까?

뜨거운 아랫목에 잠시라도 몸을 눕히고 싶은 소망이 어찌나 절박하게 밀려드는지 당황스러웠다.

막 잎을 내기 시작한 수양버들의 늘어진 가지 아래를 타박타박 걸으며 느닷없는 소망에 후두둑대는 마음을 달래느라 애를 먹었다.

국립공주박물관 입구에서 내 키보다 큰 진묘수를 만나 잠시 서 있었다. 국립공주박물관에 갈 때마다 무령왕릉이 발굴될 때 기억을 되짚어 옛이야기처럼 들려주던 아빠가 생각나서였다. 무령왕릉을 발굴하신 교수님 중에 한 분을 잘 알고 지내셨다고 했다.

앞을 못 보시고 치매가 시작되어, 시간도 뒤섞이고 내용도 뒤섞인 이야기였다.

하지만 오래도록 즐겁게 말씀하시는 아빠를 볼 때마다 무령왕릉 발굴이 아빠의 인생에서 얼마나 큰 사건이었는지 생각하곤 했었다.

무덤을 지키는 상상 속 동물이라는 진묘수는 아무리 사자 몸에 용의 얼굴을 하고 있어도 내겐 그저 어린 시절 친구 같은 귀여운 느낌이었다. 하지만 그 귀여운 모습으로 천사백 년이나 왕의 무덤을 지켰고, 이제 오래전 사라진 왕국의 이야기를 지키고 있었다.

박물관 건물은 이상하리만큼 단출하게 느껴졌다. 국고개에 있는 박물관보다 더 크고 현대적인데도 어린 시절 느꼈던 아우라가 없었다. 어쩌면 서늘한 나무 그늘 아래 선 상처 입은 부처님들을 만나지 못해서였는지도 모르겠다.

망설임 없이 웅진백제실로 향한 까닭은 금제 관장식을 보기 위해서였다. 금방이라도 휘어져버릴 듯 반짝이는 금장식들을 홀린 듯 보고 싶었다.

웅진백제실 앞은 진묘수가 지키고 있었다. 왕과 왕비의 목관을 지나 진묘수가 그리도 굳건히 지켜온 유물들을 일별한 뒤에야 마침내 금제 관장식 앞에 섰다.

금제 관장식은 이제 관꾸미개라고 불리고 있었다. 나는 반짝이는 금빛 앞에서 아무 생각 없이 그저 오래오래 서 있기만 하였다.

그날 이후 아버지가 돌아가실 때까지 26개월 동안, 많은 날들을 국립공주박물관을 향해 걸었다. 벚나무 촘촘한 언덕을 넘으며 엄마 아빠가 손잡고 걸으시던 모습을 상상하고, 휘영청 가지 늘어뜨린 수양버들 아래를 걸으며 장작불 때는 황토방 아랫목에 눕고 싶은 충동에 시달렸다.

하지만 막상 국립공주박물관 안에 들어간 것은 두어 번도 되지 않는다. 그저 커다란 진묘수 모형 둘레를 한 바퀴 휘, 돌아오거나 오히려 박물관 뒤뜰을 걷기도 하였다. 여전히 내게는 국립공주박물관은 옛적 그 자리, 그곳인 것만 같아서였다.

박물관을 찾는 설렘은 이제 모두 사라졌다.
그럼에도 불구하고 벚꽃 피는 계절에 박물관을 찾겠다고 거듭 다짐하는 까닭은 만개한 벚꽃 그늘에 분홍빛 하늘을 이고 앉아, 내 안에 잠자는 반짝임을 깨워보고 싶어서다. 내 안의 진묘수가 오랫동안 지켜온 나의 어린 어느 날을 가만히 깨워, 다시 노래하게 하고 싶어서다.

제민천을 따라 오늘을 걷기

공주교대부설초등학교 교문에서 길을 건너면 제민천이 있다. 그곳에 계룡산 계곡 부럽지 않을 만큼 물이 풍부하던 시절도 있었다.

　　커다란 바위가 만든 여울목 끝, 제법 깊은 개천으로 팬티만 겨우 입은 남자아이들이 뛰어들면, 나는 차마 못 볼 광경을 본 것처럼 눈을 돌렸었다. 하지만 콸콸 쏟아지는 물소리, 물놀이하는 아이들의 웃음소리가 언제까지고 귓가에 쟁쟁하게 따라붙는 것이었다.

　　초등학교 일 학년인 나는 집 앞에 흐르는 작은 개천이 이렇게 큰물에서 시작된다는 것을 깨닫고 깜짝 놀랐었다.

집 앞 작은 개천만 제민천으로 알고 자랐기 때문에 거슬러 올라가 만난 깊고 맑은 물은 다른 세상 같았다.

바윗돌 틈에 가재도 살고 물고기도 산다고 했다.

장난꾸러기 아이들은 제민천 징검다리를 좌우로 건너가며 하굣길을 즐겼다. 그러나 겁이 많던 나는 제민천에 내려갈 엄두도 내지 못한 채, 물놀이하는 아이들, 빨래하는 아주머니들, 징검다리를 건너는 친구들의 모습을 눈으로 쫓기만 했었다.

2025년 늦더위가 한창인 오늘, 공주교대부설초등학교 교문 앞에 선다. 교문 안으로 얼핏 운동장이 보였지만, 굳이 교문 안으로 들어서지 않기로 한다. 기억보다 훨씬 더 작은 운동장은 어쩐지 내가 운동회를 하던 그 운동장은 아닌 것 같아서 낯설기만 하다.

교문을 나서자마자 울창하게 이어지던 플라타너스도 지금은 모두 사라져 서운하기 그지없다.

초록빛으로 찬란하던 플라타너스는 왜 다 베었을까?

잠시 속이 상한다.

하지만 오늘은 제민천을 걷기로 한 날.

플라타너스 초록빛 그늘이 있는 셈 치자고, 팔랑거리는 플라타너스 이파리 사이로 반짝이는 햇살이 눈부신 척 하자고 마음먹는다.

깊은 물을 만들어냈던 바위들도, 계곡처럼 깊었던 물도 모두 사라진 지 오래다. 데크와 계단이 갖추어져 제민천 변에 내려가는 것을 망설일 필요도 없다.

오래 가물었던 탓일까, 발목이나 겨우 잠길 것 같은 깊이지만, 무척 맑은 물속에 작은 물고기들이 빠르게 헤엄치고 있다. 천변 산책로 옆 무성한 풀밭 사이로 뱀 출몰지역이니 뱀을 조심하라는 안내문이 보인다. 글씨를 읽는 것만으로도 온몸이 오그라들어 걸음을 재촉한다.

채 20미터도 걷기 전에 제민천을 유영하는 오리 가족을 만난다. 사람이 다가가도 아랑곳없이 제 몸을 가꾸기에 바쁜 오리들을 보며 한때 생활하수가 그대로 방류되어 냄새나고 더러웠던 곳임을 기억해내고 신기하다고 생각한다.

제민천 위로 도로가 지나가는 작은 터널에는 기둥마다 나태주 시인님의 시가 걸려있다. 물에는 오리가 몸단장을 하고, 물가에는 아이리스 녹색 긴 잎이 드리웠다.

걸음마다 시 한 편, 다시 또 한 편.
지금 가장 좋은 시는 '촉'이었다가, 다시 가장 좋은 시는 '멀리서 빈다'였다가 그렇게 천천히 아주 천천히 산책을 즐긴다.

징검다리 대신 놓인 데크 다리로 제민천을 건너 선화교에서 위로 올라왔다. 위로 올라오자마자 오거리다. 지금은 일부러 손꼽아 보아야 비로소 여기가 오거리라는 실감이 나지만, 어릴 적에는 굉장히 번화한 곳이었다.
산성시장만큼 큰 오거리 장이 열렸고, 장날에 일부러 오거리 장에 간다는 사람도 있었다.

오거리는 봉황초등학교, 공주교육대학교, 공주고등학교, 공주우체국, 그리고 옛 풍덕어린이집 가는 길로 갈라진다. 그 길목에 이정표 삼을만한 곳이 많을 텐데 내 기억 속에서 그 길은 풍덕어린이집이 전부다.

막냇동생이 태어난 후 나는 풍덕어린이집에 다녔다.

교직에 계신 엄마 대신 살림을 맡아서 하신 할머니 혼자 어린아이 셋을 돌보기는 힘에 부치셨기 때문이었을 거다.

풍덕어린이집을 떠올리면 가장 먼저 무당벌레가 생각난다. 마당 그루터기에 알록달록한 무당벌레가 가득해서 무당벌레를 가지고 놀았었다. 색색으로 예뻤기 때문인지, 동그란 모양 때문인지, 무당벌레는 벌레인데도 전혀 무섭지 않아 굉장히 좋아했었다.

오늘은 풍덕어린이집이 있던 길 대신에 제민천을 따라 걷기로 했다. 육 년 동안 걸어서 학교에 다니던 길이고, 여전히 꿈에 보이는 옛집이 있는 길이다.

옛집들 그대로인 길을 따라 걸으면, 새록새록 옛사람들 생각이 나서 지나는 걸음마다 '옛적에 여기 살던 누군가'의 이야기가 끊임없게 마련이다. 함께 걷는 이가 공주에서 자란 사람인 경우에는 더욱 그렇다.

저기 저 집이라고 말만 해도 잊고 살던 이름이 줄줄 나오고 후일담이 들린다. 좁디좁은 공주를 벗어나는 것이 꿈이었다고 말하는 우리도 옛적 어른들처럼 남의 이야기를 내 이야기처럼 하고 있다.

공사가 한창인 대통사지 터를 지나면 중동교 난간 위에 낚시하는 사람 조형물이 앉아 있고, 그 너머로 중동오뎅집이다.

공주에서 학교를 다닌 이들이라면 '중동오뎅집'이라는 말만 들어도 너끈히 밤을 새울만한 이야깃거리가 있다. 그리고 그 이야기 속에는 항상, 돌아가신 할머니가 길에서 오뎅을 팔던 시절의 이야기가 들어있다.

잔뜩 포장된 중동오뎅집의 기억을 듣고 기대에 부풀어

중동오뎅집을 찾았다가 실망했다는 사람들에게 '거긴 맛으로 먹는 곳이 아니고 추억으로 먹는 곳'이라고 말해본 경험 한 번쯤은 누구나 갖고 있는 곳이기도 하다.

하숙마을 앞을 지나며 흘깃 안쪽을 둘러보고, 대통교를 지나 걸음을 재촉하면 나태주 골목길 입구에 이른다. 그 길을 따라 들어가면 담마다 나태주 시인님의 시를 만나고 풀꽃문학관에 이르겠지만, 나는 항상 제민천 건너 '고가네 칼국수' 붉은 간판이 먼저 보인다.

'고가네 칼국수'는 내가 공주를 떠난 뒤에 생긴 곳이다. 가끔 부모님을 뵈러 공주를 찾을 때면 점심 먹으러 가던 곳. 오밀조밀한 마당이 예쁘고, 옛날 방직공장 건물을 리모델링한 거라는 설명을 갈 때마다 듣던 곳이기도 하다.

고가네 칼국수 보쌈수육은 병이 깊어 아무것도 드실 수 없게 된 엄마가 마지막까지 가장 드시고 싶어 했던 음식이었다. 덕분에 나는 다시는 그곳 보쌈을 먹고 싶은 생각이 없어졌다. 간판만 봐도 호스피스 침대에 동그마니 앉아 있던 엄마의 등이 생각나서다.

공주 우체국을 지나 어릴 적 살던 집 앞에 이르면 저절로 걸음이 느려진다. 오늘도 초록 대문은 굳게 닫혀있고, 대문 앞에는 열매를 주렁주렁 단 고추 화분이 나와 있다.

사십 년 전 저 집을 샀던 그분들이 지금도 살고 있을까 궁금하다. 파란 대문이 지겨워 초록색 페인트를 칠했을까, 아니면 파랑보다는 초록을 더 좋아하는 분들일까 궁금하기도 하다. 한 번쯤 집에 들어가 봤으면 하는 마음에 가슴이 아리다가 처마를 연장해 마당을 모두 덮어버렸으니 예전 그때처럼 햇살이 반짝이지는 않겠다는 생각으로 집 안을 보고 싶은 마음을 달래는 것도 매번 똑같다.

엄마가 돌아가신 후, 아버지 팔을 잡고 제민천 변을 걷노라면 아버지는 항상 물으셨다.

"여기 어디쯤 우리 옛날 살던 집이 있지?"

대답도 듣지 않으신 채, 그 집을 언제 샀고, 그 집에 살던 시절에 어떤 일들이 있었는지 말씀하시는 게 다음 순서였다.

집에 대한 설명이 끝날 때쯤에는 다시 물으셨다.

"여기 어디쯤 네 엄마 좋아하던 고가네 칼국수가 있는데, 아직 멀었니?"

제민천 변을 걷는 내내 귓가에 아버지의 목소리가 들린다. 앞이 보이지 않아도, 기억이 모두 흐려졌어도, 돋을새김처럼 남아있던 아버지의 기억이 내 안에도 고스란히 새겨졌나보다.

옛집을 지나 산성시장 입구에서 제민천으로 내려가기로 한다. 제민천 위쪽으로는 벚나무가 아름답지만, 벚꽃이 피는 계절도 아니고 볕이 따갑다.

벌써 몇 년 전 제민천을 걷다가 크고 우아한 새를 한 마리 보았다. 새라고는 참새와 까치, 까마귀 정도나 구분하던 내게 너무도 아름다운 새였다. 멀리서 사진을 찍고, 일부러 이름을 찾아보고 나서야 그 새가 '왜가리'라는 것을 알게 되었다.

무심한 듯 담담하게 서 있는 새의 모습이 영화의 한 장면 같아 처음 본 순간 반해버렸다. 큰 날개를 펴고 날아오르면 제민천의 풍경 또한 달라져서 갑자기 한 폭의 그림 속

에 서 있는 기분이 되는 것이었다. 하늘이 푸르고 흰구름마저 몽실거리면 금상첨화였다.

왕릉교 못 미쳐 작은 왜가리 한 마리를 만났다.

'너 거기 있었니?'

반가움도 잠시, 오래도록 들여다보는 눈길이 불편해서일까, 큰 날개를 펴고 날아오른다.

산비둘기가 소리 내 울고, 오리들도 너덧 마리 떠다니지만 금방 날아간 왜가리 때문에 서운함이 가득이다.

'강에 가까워지면 다른 아이가 있을지도 몰라'

다시 기운을 내 걸음을 재촉하는데 한 마리, 두 마리, 세 마리, 왜가리 세 마리가 긴 다리를 물에 디딘 채 조용히 서 있다.

어느새 제민천에 왜가리 가족이 생겼나보다.

그 모습이 하도 예뻐서 더위에도 아랑곳없이 웃음만 나왔다. 수많은 사람들이 떠나고 잊은 이 도시에, 왜가리 가족이 평화롭게 자리 잡은 모습이 그저 좋았다.

마침내 제민천과 금강의 합류지에 이른다.

강변에 서서 바라보는 금강철교는 공산성에서 내려다보는 풍경과는 또 다른 느낌으로 아름답다. 하늘은 여전히 푸르고 구름은 하얗고 햇살은 반짝거리는데, 강물만 하염없다.

지금쯤 발걸음을 헤아려보면 공주교대부설초등학교 정문부터 제민천을 따라 금강까지 꼭 육천 보를 걷는다.

이왕 지난 기억 더듬으며 여기까지 왔으니 이학식당에 가서 국밥을 먹기로 한다. 금성교를 지나 조금만 걸으면 이학식당이 있다. 지금은 '새이학'이라는 간판이 붙어있지만 우리에게는 늘 '이학'으로 통한다.

70년째 성업 중인 이학에는 아예 공주국밥이라 이름 붙인 메뉴가 있다. 장날마다 국밥을 말아 팔기 시작한 것이 현재에 이르렀다고 하는데, 내 기억 속에는 박물관 사거리에 있던 이학이 가장 오래되었다.

대파가 듬뿍 들어간 따로국밥으로 유명하지만, 내 또래 사이에서는 오히려 이학식당에서 맛본 돈가스를 기억하는 친구들이 더 많다. 졸업식 날 부모님과 함께 부흥루에 가서 자장면과 탕수육을 먹거나, 이학식당에서 돈가스를 먹었다는 것이다.

공주국밥을 먹으며 옛날에 이학식당에서 돈가스를 먹던 얘기에 이르면 제민천을 걸으며 우리가 할 수 있는 이야기는 다 한 것 같고, 무언가 큰일을 하나 마친 것처럼 홀가분해진다.

언젠가 다시 제민천을 따라 걷고 싶은 마음이 나면, 공주교대부설초등학교 앞 물이 콸콸 쏟아지는 바위 위에서 속옷만 입은 채 물로 뛰어들던 아이들 이야기로 육천 보의 여정을 시작하게 될 것이다.

한 번도 말하지 않은 것처럼 그때 그 시절 이야기들을 다시 하면서, 간간이 돌아가신 부모님 생각에 사무치면서, 어린 시절 살았던 집 앞에서 머뭇거리면서, 금강까지 걷게 되겠지.

이곳이 내내 이렇게 아름답기를, 왜가리도 오리도 산비둘기도 사이좋게 나눠 살듯이 사람도 또한 그러하기를 바라며 내친걸음을 재촉할 것이다.

걷는 모든 발걸음마다 그 시절의 나를 옆에 세우고, 기억의 자락을 꼭꼭 눌러 새기고 있을 것이다.

이제라도 돌아왔으니

나태주 (시인)

　내게 있어 파랑 출판사 대표 이진희 씨는 출판인이기 이전에 작가이다.

　그 인연은 1979년, 내가 공주로 이사와 이진희 씨 아버지와 한 학교에서 동직원으로 근무하면서 시작되었다. 이진희 씨 아버지는 내 고등학교 4년 선배이신 분으로 내가 살면서 만나본 사람 가운데 가장 선량하고 마음씨가 곧고 아름다운 분이었다. 법 없이도 산다는 말이 있는데 바로 그런 분이었다. 서양식으로 말하면 신사였고 한국식으로 말하면 선비였다.

그 당시 초등학교에 다니는 곱고 얌전한 소녀였던 이진희 씨는 고등학교 시절 전국 청소년 문예 작품 모집에서 소설이 당선되면서 문학적 재능을 보여주기도 했다. 이진희 씨의 아버님이 내게도 원고를 넘겨주어 읽어보았는데, 소설의 구성이 탄탄하고 문장이 지극히 섬세하고 아름다웠던 기억이 있다.

하지만, 소설가가 될 것이라는 기대와는 달리 철학과를 선택하여 대학에 진학하고 글 쓰는 사람과는 거리가 있는 삶의 길을 걸어갔다.

그러던 이진희 씨가 다시 나의 관심 안으로 들어온 것은 그녀의 부모님이 병고로 고생하시며 말년을 보낼 때부터이다. 이진희 씨는 부모님의 말년을 온전히 맨몸으로 막아내면서 보살피고 있었던 것이다. 어머니가 먼저 세상을 떠나고 아버지가 뒤를 따랐다. 특히 아버지는 여러 가지 장애까지 겹쳐 힘들게 말년을 사셨는데, 그 모든 고통의 몫을 이진희 씨가 감당하고 있었다.

부모님이 모두 돌아가신 뒤 이진희 씨는 파랑 출판사를 열고 내 시작품을 번역하여 번역서로 내고자 했다. 마다할 일은 없었으나 걱정 반, 기대 반으로 작품을 맡겼는데 한국 제일의 영문 번역가인 안선재 수사님의 번역을 얻어내어 매우 품위 있는 번역 시집을 내주었다. 더없이 고마운 일이다.

그런데 이번에는 자신의 생애 전반의 추억이 들어있는 산문집을 내겠노라, 원고를 보여왔다. 원고에는 어린 시절과 공주의 이야기, 그리고 부모님과 할머니에 대한 가족들의 이야기가 잔잔한 필치로 그려져 있었다. 바닥의 연필 선이 들여다보이는 맑은 수채화와 같이 매우 아름다운 글들이 차곡차곡 모여 '기억안내서 공주'가 되었다.

생각해보면, 이 또한 마음 아픈 곡절이다. 왜 이진희 씨는 고등학교 시절 이후 글 쓰는 일과는 멀리 살다가 이제 와서 책을 내려고 할까? 아마도 부모 상실에서 오는 슬픔과 결핍의 반작용으로 그러했지 싶다. 슬픔과 결핍이 낳은 축복인 셈이다.

이진희 씨!

이제 늦게라도 글 쓰는 사람으로 돌아왔으니 다시는 멀리 가지 말고 글 쓰는 사람으로 살아주기 바란다. 그것이

돌아가신 부모님이 기뻐하는 일이기도 할 것이기에 더욱 그러하다.

처음 책을 내는 이진희 씨의 글을 축하하고 기뻐하는 마음이다.

어쩌면 그 마음이 이진희 씨의 부모님, 특히 아버지 되시는 나의 선배님과 같은 마음일 것이라고 생각되어 눈물겨운 바가 있다.

Remembering Gongju

Brother Anthony of Taizé

(Translator, Professor Emeritus of Sogang University)

We are all born somewhere, and none of us remember the moment or place of our birth. What counts most then are the years of childhood that we spent growing up, in our hometown or another place, once we were born. For Koreans, the notion of a birthplace, a hometown counts for much, perhaps above all as it is usually the place we were all obliged to leave at a given moment, sooner or later. The birthplace is missed, longed for, seen as an impossible dream, a lost Paradise. This is especially true when we were born in a very small town or village that has largely remained unchanged over the decades, while we moved into a great modern metropolis. People born in Seoul, Busan, Daegu, cannot feel the same nostalgia for 'home' as those born in Gurye, Gangjin or Gongju. In small, little-changed towns, the same buildings can be seen today as forty or more years ago. Certain smaller towns, such as Gongju, even if they have changed considerably since the Joseon era or the Japanese period, maintain memories of a very different past and preserve personal memories tenderly.

For Yi Jinhee, a certain house in a certain street in Gongju's Banjuk-dong was home for twelve years of childhood. Memories of a stable home at that age remain for a whole lifetime. The house, the family, the neighbors, the neighborhood, those memories remain forever, unchanged, even if in fact little or nothing is left today of what was there then. For most of us, happy memories and sad memories mingle. Often, childhood memories are predominantly happy ones, since our parents sheltered us from sad, unhappy moments.

Gongju has not grown and changed in the same way that many Korean towns have. Today, that means that there are fewer young people, fewer new buildings and businesses. In today's world of K-pop, Gongju counts for little. Instead, it offers memories, continuity, the beauty of rural life and a long history. The memories of happy times past might sometimes provoke sorrow at the losses brought by passing time. In many small Korean towns there are more and more elderly people, fewer and fewer young folk. Gongju has perhaps little to retain the younger generations, little employment, entertainment or future prospects. Yet for Yi Jinhee, it is Home, a place like no other, and as such it is a place to be celebrated. Her book evokes above all good memories, happy moments, human celebrations. Gongju may today be a sleepy, ageing town, for her it has been a place of vibrant life, a treasure-house of happiness, of loving memories.

The most important thing for Yi Jinhee is not the remote past history of Gongju, as capital of a kingdom, or a major administrative center. Rather, it is a series of recent memories of small human joys experienced in a town that made no claim to fame or fortune. In times past, Gongju was the theater of terrible persecutions against the first Catholics, but for her it is above all a place where human life has been and continues to be lived gratefully. For her it is a place full of poetry and the home of Korea's most evocative poet, Na Tae-ju. That is the Gongju she celebrates in her book, a Gongju overflowing with human joys remembered with gratitude. That is a source of strength for her and for us. We can only be grateful that such towns remain, brimming with memories and strong in community. We are grateful, then, to Yi Jinhee, for reminding us of what treasures lost birthplaces give us. Gongju may not be the Gongju of times long past, yet it remains a treasure-house of memories. Thanks to her, those memories come alive for us today and we are grateful.

기억의 도시, 공주

안선재 수사 (번역가, 서강대 명예교수)

　한국인에게 '출생지', '고향'이라는 개념은 무엇보다도 큰 의미를 지닌다.　어쩌면 늦든 빠르든 떠나야만 했던 곳이었기에 더욱 그러하다. 그러나 우리는 모두 어딘가에서 태어났지만, 태어난 순간이나 장소를 기억하지는 못한다. 그렇다면 우리에게 진정으로 중요한 것은 고향이든 다른 곳이든 우리가 머물며 성장한 세월 그 자체일 것이다.

　고향은 그리움의 대상이고, 다시는 돌아갈 수 없는 불가능한 꿈이며, 잃어버린 낙원이다. 특히 조용한 시골 마을이나 소도시에서 태어나 수십 년이 지나도 거의 변하지 않은 그곳을 뒤로하고, 대도시로 이주한 사람들에게는 그 그리움이 더욱 절절하다. 서울, 부산, 대구에서 태어난 사람들은 구례, 강진, 혹은 공주에서 태어난 사람들이 느끼는 '고향'의 향수를 똑같이 느낄 수 없다. 작고 거의 변하지 않은 고장에서는 사십여 년이 지나도 여전히 같은 건물들을 볼 수 있다. 공주와 같은 소도시는 비록 조선 시대나 일제강점기 이후 많은 변화가 있었다고 해도, 여전히 지난 시대의 기억을 간직하며 개인의 추억을 다정히 보듬고 있다.

이진희 씨에게 공주 반죽동 거리 어느 집은 열두 해의 어린 시절을 보낸 고향집이었다. 그 나이에 경험한 안정된 가정에 대한 기억은 평생 동안 마음속에 남는다. 그 집, 가족, 이웃과 동네 ― 그 기억들은 오늘날 실제로 그 자취가 거의 남아 있지 않다 해도, 마음속에서는 결코 사라지지 않는다. 대부분의 사람들에게 행복한 기억과 슬픈 기억은 뒤섞여 있다. 하지만 어린 시절의 기억은 주로 행복한 것인데, 슬프고 불행한 순간들로부터 우리의 부모님이 우리를 보호해 주셨기 때문이다.

공주는 다른 많은 한국 도시들처럼 크게 성장하거나 변화하지 않았다. 그것은 젊은이들이 적고, 새로운 건물이나 상점이 적다는 것을 의미한다. K-pop이 세상을 뒤흔드는 오늘날, 공주는 존재감이 크지 않다. 대신 공주는 추억과 연속성, 시골의 아름다움과 오랜 역사를 간직하고 있다. 행복했던 시절의 기억은 세월이 흐른 후, 잃어버린 것들에 대한 아쉬움을 불러일으키기도 한다. 많은 한국의 작은 도시에서는 노인들이 점점 많아지고, 젊은이들이 점점 줄어든다. 공주는 아마도 젊은 세대를 붙잡아둘 만한 것이 거의 없을 것이다. 일자리나 오락거리도 많지 않고, 미래의 전망도 밝지 않다. 하지만 그런 공주는 이진희 씨에게 있어 '집'이다. 세상 그 어떤 곳과도 바꿀 수 없는 장소이며, 그렇기에 찬미 받아 마땅한 장소이다. 그녀의 책은 무엇보다도 좋은 기억들, 행복했던 순간들, 인간적인 축복의 시간들을 노래한다. 공주가 오늘날 다소 조용하고 나이 들어가는 도시일지라도, 그녀에게 공주는 행복하고 사랑스러운, 생기 넘치는 기억들로 가득한 보물창고였다.

이진희 씨에게 중요한 것은 공주가 한때 왕국의 수도였거나 행정 중심지였던 먼 옛날의 역사가 아니다. 오히려 화려한 명성과 부유함이 없는 평범한 도시에서 경험한 작지만 소소한 인간적 기쁨들에 관한 기억들이다. 과거 공주는 초창기 가톨릭 신자들이 혹독한 박해를 받았던 곳이었지만, 그녀에게 공주는 무엇보다 감사한 마음으로 삶이 이어지고 있는 '삶의 터전'이다. 그녀에게 공주는 시로 가득 찬 곳이자, 한국에서 가장 감성적인 시인 나태주의 도시이기도 하다. 그녀가 책에서 찬양하는 공주는 '감사함으로 기억되는 인간적인 기쁨이 넘쳐나는 공주'이다. 그것은 그녀와 우리 모두에게 큰 힘이 된다. 우리는 추억으로 가득 차 있고 공동체의 끈이 단단한 이런 도시들이 여전히 존재한다는 사실에 감사하고, 잃어버린 고향이 우리에게 어떤 귀한 것들을 남겨주는지 일깨워준 이진희 씨에게도 감사한다. 공주가 더 이상 옛날의 공주가 아니더라도 그곳은 여전히 누군가의 기억의 보물창고로 남아있다. 그 기억들이 이 책으로 말미암아 오늘 우리의 마음속에 다시 살아 숨쉬기 시작했으니, 작가에게 그저 깊은 감사를 보낼 따름이다.

공주(公州)에서 공주(共珠)까지

박재섭 (인제대 명예교수, 국문학)

공간에는 언제나 개인의 기억이 스며있습니다.

그 기억들은 마치 씨줄과 날줄처럼 얽혀, 이야기를 품은 하나의 결을 만들어 냅니다.

공주(公州)는 오랜 세월의 이야기가 켜켜이 쌓인 도시입니다. 그 이야기의 중심에는 늘 왕조의 역사와 권력의 서사가 놓여 있습니다. 아쉽게도 사람들의 일상, 그 안의 따뜻한 개인의 기억들은 점차 뒤로 밀려나 버렸습니다.

'기억안내서 공주'는 잊힌 기억들을 다시 불러내어, 근대를 살아낸 사람들의 이야기에 따스한 숨결을 불어넣습니다. 공주의 풍경 속에 흩어진 시간의 조각들을 모아 삶의 온기가 배어 있는 기억의 결을 다시 짜고 있습니다.

이 책은 공주의 공간을 기억하는 사람들만을 위한 것은 아닙니다.

'기억안내서 공주'를 따라가다 보면, 독자는 어느새 자신만의 '그리운 자리'를 조용히 되새기게 될 것입니다. 그 여정 속에서 우리 모두, 마음속에 품은 기억의 보배로운 공간 — 공주(共珠)를 발견하게 될 것입니다.

공주(公州)에서 공주(共珠)까지의 따뜻한 기억 여행을 계획하는 이들에게, 이 책을 건네고 싶습니다.

작가의 말

 얼결에 시작한 일이었습니다.

 공주의 곳곳을 걷고 또 걷는 동안 잊었다고 생각했던 기억이 하나둘 피어올랐습니다.

 즐거움과 슬픔이 뒤섞인 기억 속을 걸으며 인생의 아름다운 날들이 모두 지나가버린 느낌도 들었습니다.

 이 기억마저 사라져버리기 전에 적어두자고, 시작은 그러했습니다.

 사무치도록 그리운 부모님과, 반짝였으나 지나가버린 제 어린 날들을 기억해두고 싶었습니다.

하지만, 글을 쓰는 동안에 알게 되었습니다.

기억을 따라 글을 쓰는 일은, 감정이 잦아드는 과정이 아니라 오랜 유물을 발굴하듯이 묵은 흙을 털어내는 과정이라는 것을요. 발굴된 기억을 가장 적당한 자리에 전시하고, 가장 적당한 빛을 비추는 과정이라는 것도요.

얼결에 시작한 일이었으나, 저는 어느새 '기억안내서 공주'라는 저만의 박물관을 짓고 있었습니다.

어린 시절 처음 뵙고 오늘까지도 의지가 되어 주시는 나태주 시인님께 감사드립니다.

'사랑한다, 나는 사랑을 가졌다'의 인연으로 만나 '기억안내서 공주'의 추천사까지 써 주신 안선재 수사님, 박재섭 교수님, 과분한 말씀을 베풀어 주셨습니다. 감사드립니다.

끊임없이 글쓰기를 권함으로써 '기억안내서 공주'라는 나만의 박물관을 짓게 해준 강한록 박사님께도 감사드립니다. 오랜 세월, 같은 자리에서 같은 마음을 지켜준 후배 이윤숙에게도 사랑과 감사를 전합니다. 가장 가까운 자리에서 언제 어느 때든 강력한 지지자가 되어준 나의 두 아들, 상우와 정호에게도 모든 마음을 담습니다.

여전히 제 안에 살고 계신 엄마와 아빠, 제 삶의 가장 좋은 날들을 주셨습니다. 감사하고, 그립습니다.

이 책은 누구의 인생에도 있을 수 있는 '기억의 박물관'을 짓는 과정을 담았습니다.

이 책을 읽는 분들 또한, 자기 안에 잠자고 있을 그리움의 장소를 꺼내 자신만의 박물관을 지으실 수 있기를 바랍니다.

감사합니다.

기억의 결을 따라 다시 오늘로

기억안내서 공주

초판 1쇄 발행 2025년 12월 9일

지은이   이진희
펴낸이   이진희, 강한록
교정 교열   하정호
디자인   서승연

펴낸곳   파랑
출판등록   2024년 7월 3일 제2024-000028호
이메일   jinhee-lee@parangbooks.com
블로그   blog.naver.com/parang_books
인스타그램   instagram.com/parang_books

ISBN   979-11-991175-3-2 03810